U0906344

大梨树

新农村的典范

张其华 / 著

辽宁人民出版社

图书在版编目（CIP）数据

大梨树 新农村的典范 / 张其华著. —沈阳：辽宁人民出版社，2017.8

ISBN 978-7-205-08533-9

Ⅰ. ①大… Ⅱ. ①张… Ⅲ. ①农村—社会主义建设—经验—辽宁 Ⅳ. ①F327.31

中国版本图书馆CIP数据核字（2017）第187578号

出版发行：辽宁人民出版社

地址：沈阳市和平区十一纬路25号　邮编：110003

电话：024-23284321（邮　购）　024-23284324（发行部）

传真：024-23284191（发行部）　024-23284304（办公室）

http://www.lnpph.com.cn

印　　刷：辽宁奥美雅印刷有限公司

幅面尺寸：165mm×235mm

印　　张：16.25

字　　数：200千字

出版时间：2017年8月第1版

印刷时间：2017年8月第1次印刷

责任编辑：阎伟萍

装帧设计：留白文化

责任校对：赵卫红

书　　号：ISBN 978-7-205-08533-9

定　　价：38.00元

前　言

大梨树村是社会主义新农村建设的典范

社会主义新农村建设是我国社会主义建设的一个重要部署。新中国成立初期我们党提出过，社会主义建设新时期初期，在党的十六届五中全会上再一次提出，这显示了新农村建设在社会主义建设事业中的突出地位。特别是十八届五中全会通过的我国第十三个五年规划，明确提出提高社会主义新农村建设水平的要求，标志着我国的社会主义新农村建设在全新的理念下，开启了新的部署，进入了新的发展阶段。

建设社会主义新农村是我国社会主义建设新时期的重要课题，也是全面深化改革，实现振兴中华的伟大中国梦的重要任务。建设社会主义新农村是一项历史性的综合工程。它既包括了经济的、政治的、文化的、社会的内容，也有利用自然、改造自然，与自然和谐相处的任务；既有近期的具体工作任务，也有长远的目标和方向；既有物质的发展要求，也有精神文化的发展要求。社会主义新农村建设承载了有关农业、农村、农民的各种新问题。

自党的十六届五中全会重新提出社会主义新农村建设以来，已经经过了十年的实践。社会主义新农村建设经历了起步阶段，开始进入发展的新阶段。这十年间，出现了很多先进的典型，积累了很多发展的经验，也出现了一些需要探讨的问题。科学认识社会主义新农村建设的整体发展，总结推广经验，研究解决问题，在理论、政策和实践的高度进一步探索和规范社会主义新农村建设的方向和途径，通过社会主义新农村建设，既扎扎实实地，又轰轰烈烈地演绎出新农村的中国梦，打好建设小康社会的攻坚战。

辽宁省的农业发展很不均衡，社会主义新农村建设处于不同的发展条件和不同的发展状态之中。

位于辽宁东部山区的丹东市凤城大梨树村，曾经是一个贫穷落后的山村。改革开放以后，在村党委书记毛丰美的带领下，苦战三十余年，终于彻底摆脱了贫穷落后的面貌，建成了全国文明村、中国美丽乡村、中国十大和谐乡村之一，建成了社会主义新农村的典范。毛丰美本人成为全国劳动模范，连续五届被选为全国人大代表，成为当代农民的代言人。前不久，中共中央组织部作出了追授毛丰美“全国优秀共产党员”的决定，中共辽宁省委发出了关于向毛丰美学习的决定，进一步肯定了毛丰美带领大梨树村民所取得的辉煌业绩。

凤城大梨树村在长期的发展建设实践中，积累了丰富的经验，也进行了很多有益的探索，是我国农村脱贫致富，发展经济，建设和谐社会，全面解决农业、农村、农民问题的范例，为同类农村的发展提供了宝贵的借鉴。而大梨树村在发展建设中所遇到的问题，值得广大农村基层干部、有关的理论工作者以及有关政策制定部门研究、探索。尤其在我国的社会主义建设进入了新发展时期的关键时刻，认真总结研究大梨树村所走过的道路、积累的各种经验、遇到的各种问题，进一步探讨我国农村的发展道路和途径，使社会主义新农村建设顺利地进入发展的新常态，将有积极的作用和意义。

目 录

第一章　历　史

大梨树村位于丹东凤城市西南10公里处，是一个典型的辽东山村。原有13个村民组。2003年，在大梨树村取得非凡的发展进步后，邻近的利民村并入大梨树村。大梨树村现有23个村民组，1642户，4854人，占地48平方公里，7000亩耕地，43000亩林地，9000亩四荒地，是典型的“八山一水半分田”，自然条件很不理想。

看似十分平凡的大梨树村，也曾有不平凡的历史。往日的时光堆砌了今天大梨树村的发展基础，让大梨树村从既光辉又有些暗淡的往日，向今天大步走来，开始了发展的新里程，并展示了令人振奋的未来。

第一节
大梨树村的历史

一、大梨树村名的由来

我问过很多大梨树村民，大梨树的村名是从什么时候开始叫起来的？没有一个人能回答得清楚。要么说从来就这么叫，要么说新中国成立前就这么叫了。至于为什么叫大梨树，而不是别的什么名字，大梨树人讲给我一个动人却酸楚的传说。

据说，自古以来这里漫山遍野到处是梨树。在长期的实践中，这里的居民培育出一棵大糖梨树。这棵大糖梨树经过了不知多少年，长得树高10余丈，树围三四丈，得六七个人手拉手才能围起来。这棵树所结的大糖梨一个就有2斤多重，吃起来又香又甜又脆，特别解渴。明朝的时候，官府发现了这棵大糖梨树，每年都把这棵树的大糖梨作为贡品送往朝廷。

明朝末年，努尔哈赤起兵自立，这地方兵荒马乱的，人们不得安宁。这棵大糖梨树因此疏于管理，结的果实也越来越小。

努尔哈赤听说这地方有给明朝廷进贡的大糖梨，便派人来索取。来人到大梨树一看，这大糖梨又小又酸又干巴，实在拿不出手。他回去禀报努尔哈赤说，这棵大糖梨树不愿为后金罕王效力。努尔哈赤听后龙颜大怒，传旨将大糖梨树砍了。砍树那天，这里的老百姓偷偷地采下了几根枝条，嫁接在别的梨树上，总算把这个品种保留了下来。

为了纪念这棵大糖梨树，当地老百姓便自称大梨树人，这地方也就叫大梨树屯了。

新中国成立后，大梨树屯改为大梨树村。1958年人民公社化的时候，大梨树村属于边门人民公社，大梨树村被分成大梨树作业区和利民作业区两部分。不久又各自叫生产大队。

在大梨树村的龙潭南岸边上，有一座人工修建的大梨树遗址，那是供游客观赏和照相留念的。大梨树人告诉我，真正的大糖梨树遗址并不在那儿。毛丰美的本家叔叔毛立胜老人说，真正的大梨树遗址应该在王家沟桥西边靠近人家，桓盖公路路北那个地方。但是，还有不止一个人对我说，真正的大梨树遗址就在村委会东边不远，现在是加油站的那个地方。

关于大梨树村名的由来，那只是个传说。但是大梨树村有据可考的历史却很遥远。在大梨树村刘家堡子村民组，有一座古城遗址，那是始建于公元前300年（燕昭王十二年）的武次城。武次城遗址是辽宁省级文物保护单位，经过了初步的考古发掘，得到了权威专家的科学认证。

二、历史上的大梨树村

历史记载最早的武次城地方官员是司马迁《史记》中所述的涉何。涉何为汉武帝时期辽东郡驻守在这里的东部督尉，后来牺牲在平叛朝鲜侯卫右渠的战争中。正是由于这一场战争，当时的汉武帝下决心取消了地方政权朝鲜国，建立了乐浪、临屯、真番三个郡，恢复了中央政权对朝鲜半岛的直接统治。

武次城一直是辽东地区的重镇，直到404年（东晋安帝元兴三年），东北地区少数民族高句丽占领今凤城地区，在兀骨山（今凤凰山）南麓，建立兀骨城。至此，武次城逐渐失去了辽东政治、经济、军事、文化中心城市的地位，虽然一直到明清时期还有人在此居住和活动。

在这之后，武次城虽然经历了改名和恢复原名的变更，以及撤销建制和恢复建制的多次波折，但武次城在稳定边疆，维护国家安全，团结各个民族，发展辽东地区政治、经济、军事、文化等方面，起到了无法替代的重大作用。武次城在中华史册上书写了属于自己的光辉一页。

站在武次城文物保护纪念碑旁，望着现在已经是一片庄稼地的古老的武次城，望着武次城侧高速公路上飞驰的车流，心中最大的感慨是，历史不会被时光淹没，现代折射着历史，历史呼应着现代，永远伴随着人类向前发展。

三、抗战中的大梨树

在烽火连天的抗日战争年代，凤城地区是在沈阳沦陷后，最早沦为日本殖民地的地方。1931年九一八事变的次日晨5时，日军独立守备队步兵第四大队三中队的40人侵入凤城。驻凤城的东北陆军第一团500人向日军投降。凤城是在屈辱中沦陷的。

在这民族的灾难中，凤城出现了一个抗日英雄邓铁梅。

1931年12月25日傍晚，邓铁梅率400多人的队伍从岫岩大营子来到大梨树村西边卡巴岭上的三义庙附近集结。午夜过后，邓铁梅一声令下，抗日自卫军经过大梨树村，一路直奔凤城而去。在沈庭玉抗日队伍的配合下，下半夜两点钟战斗打响，直捣凤城板津大佐的日本鬼子老窝。全歼日伪守敌，捣毁了伪县公署、公安局，并打进监狱，解救出百余名爱国志士和受难同胞。缴获步枪400余支、机枪3挺、迫击炮2门和其他大量军用物资。严厉打击了日本鬼子的嚣张气焰，夺取了辽东抗日的辉煌胜利。

天亮时，抗日英雄邓铁梅率领东北民众自卫军满载缴获的战利品，浩浩荡荡地经过大梨树村，返回了他们在岫岩的根据地。

在这之后，邓铁梅的抗日武装迅速发展壮大，很快聚集了15000多人，在丹东、凤城、岫岩之间建立了方圆百里的根据地，多次对日寇作战，消灭大量敌人，缴获大量物资，进一步壮大了抗日武装力量。经过大梨树村去凤城打鬼子的这一仗，是邓铁梅东北民众自卫军发展壮大的关键战斗。

大梨树村民至今还为此而自豪。一个默默无闻的山村，从此与轰轰烈烈的历史事件和光照百代的民族英雄邓铁梅有了密不可分的联系。这是大梨树村的光荣。这是大梨树村留在史页上的一个光辉印记。

一个山沟里的村庄不可能有自己的编年史，但是，有这样几个骄人的回忆已经足够了。证明它历史的悠久，证明它曾经的苦难和辉煌。这是大梨树村久远的过去，也是大梨树村艰难而坚实的起点。

第二节
改革开放前的大梨树村

关于改革开放前的大梨树村，我所掌握的情况只有这么几个简单的记述：

1947年6月9日上午，东北民主联军第四纵队11师31团收复凤城，大梨树村得到解放，同时进行了土地改革运动，广大农民拥有了自己的土地，实现了耕者有其田这一民主革命的目标。

1953年，农业实行合作化，建立了初级农业生产合作社，把广大个体农民组织在一起实现互帮互助，但生产资料依然私有。

1957年，组建高级农业生产合作社，土地等生产资料入股，开始了集体所有的尝试。

1958年9月，大梨树村加入了边门人民公社，大梨树村被划为大梨树和利民两个作业区，后来各自改为生产大队。彻底实现了集体所有制，公社社员成为集体劳动的参与者，而不再是生产资料的所有者，单纯地依靠劳动获得收入。

漫长的人民公社时代，中国农业生产力遭受了极大的破坏，农民经历了艰难困苦的生活。

1983年9月，人民公社终于解体，大梨树生产大队恢复为大梨树村。同时，实行分田到户，家庭联产承包责任制。农民开始自己管理自己的生产活动，自己安排自己的日常生活，自己掌握自己的命运，开始从贫困中解脱出来。

2003年末，由于大梨树村在脱贫致富上取得了可观的成绩，相对贫困的利民村被划入大梨树村，历史上的大梨树村终于得到恢复。

在人民公社时代，大梨树村的人均日工分值只有8分至1角。人均年收入只有80元至100元，维持简单的日常生活都很艰难。尽管如此，当时的大梨树生产大队同周围的生产大队比较，村民的收入还算是好的。大梨树生产大队曾经是凤城地区的先进典型。据资料记载，1975年凤城全县农民人均年收入仅为78元，低于大梨树村。

在计划经济和无产阶级专政的历史时期，中国各地的农村，中国各地的农业，中国各地的农民，基本上大同小异。左倾路线抹杀了一切个性。大梨树村同当年所有的农村一样，吃粮靠返销，花钱靠贷款，人们差不多数着米粒安排日子。巨大的城乡差别让几乎所有的农民都向往城市。

农业是人类最古老的产业，也是最基础的产业。在改革开放前的中国，农业又是发展最缓慢，变化最小的产业。甚至还可以说，是最多灾多难的产业，是最落后的产业，基本以体力劳动的大量付出来换取微薄的收成。农业劳动成了单调、乏味、辛苦，同时也是效率微乎其微的象征。当年高喊的过黄河跨长江的农业高产目标，在今天看来十分可笑，不值一提了。

农村变成了贫穷落后的别称，基本上是被社会遗忘的角落。那些犯有各种错误和罪行的人被发配到农村劳动改造，这无异于把农村看成了惩罚这些人的场所。那时候，把楼上楼下、电灯电话看作是遥不可及的共产主义的幸福生活，可今天的农村何止于此！

居住在这样的农村，从事着这样农业生产的广大农民，又能怎样呢？农民位于社会的最底层，其政治地位、经济地位远低于城市工人。无非是国家的二等公民，而且看不到改善的希望。

在那个年代，我国的农业、农村、农民，却在为我国的工业化做出着巨大的贡献和牺牲。

计划经济曾经是社会主义制度的特征之一。在社会生产力没有达到一定发展水平的时候，盲目地实行计划经济，不可能发挥社会主义生产关系的优越性，必然束缚社会生产力的发展，甚至破坏社会生产力的发展。改革开放前的我国农村的建设恰恰走了这样一条弯路。

土地改革，实行耕者有其田，打破土地所有者对农民实行的封建剥削制度，极大地调动和发挥了农民的生产积极性，把历史向前推进了一大步。

后来实行的农业合作化，对于防止孤寡老弱农民走向贫困，遏止农村贫富两极分化也有很大的积极作用。同时，充分发挥了生产资料的作用，保护了生产资料所有权的稳定。

但是，接着打破原有生产关系的举动，特别是人民公社化以后，完全剥夺了农民的土地所有权，实现集体所有制和集体经营，彻底打消了农民的自主权和积极性。让能干的农民去迁就不能干的农民，让勤快的农民去迁就不勤快的农民，让富裕的农民去迁就不富裕的农民。干活拉大帮，分配吃大锅饭，农业怎么能发展呢？农村怎么能建设好呢？农民生活怎么能提高呢？

农民个体经济是劳动者所有的私有制，他的生产资料是他的劳动对象和劳动工具。他们自食其力，并没有剥削他人，与工商资本家有本质区别。农民具有劳动者与生产资料所有者的双重身份。他们即使不是革命的主力军、依靠对象，至少还是革命的团结对象，而不应是革命的对象。无产阶级革命不能简单地把他们列入生产资料私有者行列，剥夺他们拥有的生产资料，尤其在中国这样一个小农经济的汪洋大海里。如果针对农民采取剥夺生产资料的行为，则把自己置于非常被动的地位。

这种情况一直延续到“文化大革命”以后。在极左路线的控制下，我国的农业经济出现了生产关系与生产力发展水平严重脱节的问题，极大地破坏了生产力的发展，极大地伤害了农民的生产积极性，几乎造成灾难性的后果。

这样的农业、农村、农民，是我国社会主义新农村建设的基本根据，是我国社会主义新农村建设的基础，是我国社会主义新农村建设的基本条件。大梨树村自然也不例外。

第二章 发 展

1980年年初，毛丰美被选为大梨树生产大队长，从那时起，大梨树村在改革开放的感召下，努力改变贫穷落后的面貌，开始了发展的新阶段。

大梨树村30多年来的发展成就可以从三个角度来阐述：纵向阐述发展过程中所取得的各个阶段的成果，横向阐述各个方面所取得的成就，向外辐射所产生的各种积极的社会影响。只有这样才能全面且深刻地了解大梨树村所取得的非凡成就。

第一节
豪迈的历程

毛丰美担任大梨树村的主要领导后，在一无地缘优势，二无资源优势，三无特殊机遇的情况下，带领村民进行了长期的努力，经过艰苦创业、改革开放和科学发展几个阶段，彻底改变了大梨树村的面貌，把大梨树村建设成社会主义新农村的典范。

一、艰苦创业阶段

大梨树村的发展轨迹既与宏观环境相一致，同时又有自己的具体情况。在改革开放的大环境影响下，大梨树村解放思想，焕发了发展经济的斗志，开始了艰苦创业的发展阶段。

1980年初，毛丰美被选为大队长后，为了解决大队干部不再向村民收钱开工资的问题，他带人去黑龙江贩运小米和土豆，减轻了正在探索、发展中的村民的负担。接着，大梨树村又在凤城开设了新凤旅社，使得大梨树村第一次有了稳定的集体收入。此后，大梨树村在凤城火车站站前地区先后建设了龙凤宾馆、凤泽大市场和龙泽农贸市场，这在当时都是凤城市区规模最大、水准最高的商业设施。山区农民挺进了城市，打造了凤城繁荣兴盛的商业区。同时，为大梨树村的发展积累了必要的资金，锻炼了管理的能力。挺进凤城发展大梨树村的集体经济，这是大梨树村的大胆之举、开创之举、英明之举。它突破了传统农村的局限，把发展的目光投射到村庄之外，投射到过去不敢想的城市，这体现出大梨树村在毛丰美的带领下思想解放的程度和力度。挺进城市，不仅发展了大梨树村的经济，也推动了凤城的经济发展和城市建设。

1989年10月，毛丰美带领大梨树人开始了改山造田的战斗。经过10年的“鸡鸣上山干、头顶烈日干、披星戴月干”的艰苦奋战，靠全村男女老幼的双手，靠锹镐锤等原始工具，在荒山上修成了10600亩水平梯田。这个成就相当于当年山西大寨成就的十倍。此外，修整了18公里山间公路和87公里的山间作业道路，修建了五座蓄水能力达40万立方米的水库。梯田上全部栽植了桃杏李梨苹果，建成了全国最大的集体果园，昔日的荒山秃岭变成了春赏花、夏纳凉、秋摘果的花果山。改造荒山不仅是发展生产的活动，更是改造自然环境的行动，是大梨树人进一步利用自然条件的行动，提升了生态环境的品质，创造了人与自然协调发展的新局面。它的社会意义比经济意义更为重要。

与此同时，大梨树村的家庭经济也开始发展。传统的粮食作物生产开始向经济作物的种植发展。村民的板栗生产、柞蚕生产、树苗生产都有了相当快的发展，其中板栗种植面积达到万亩。多种经营也有了发展的苗头。村民开始脱贫，走向小康。

在艰苦创业初期，大梨树村民在改革开放大形势的感召下，在最先觉悟的毛丰美的带领下，开始了走向新的发展阶段的奋斗，开创了发展的大好局面。当时的大梨树村村民正处于脱贫阶段，生活尚未得到根本的改善，能够积极参与挺进城市创业和改造荒山这样大规模的史无前例的行动，不能不说这是主观能动作用的极大调动和发挥。这时期，大梨树人不仅建立了稳固的集体经济，开始改变贫穷的面貌，更重要的是创造了大梨树人特有的“苦干实干巧干，干出一片新天地”的“干”字精神。“干”字精神成为大梨树人的精神财富，成就了大梨树人既有传统精神又有时代意义的基本价值观。“干”字精神一直贯穿在此后的所有发展建设实践中，成为大梨树村发展的一条精神文化红线。

二、改革开放阶段

在艰苦创业的基础上，大梨树人进一步解放思想，迅速进入了改革开放的发展阶段。

首先，发展五味子种植业。大梨树村把野生的五味子引下山，几经失败，终于建成了占地5000亩的全国最大的五味子产业基地，源源不断地把五味子销往韩国、日本、东南亚等国家和地区。五味子成为大梨树村重要的经济来源，同时带动了辽宁地区五味子的发展，使辽宁五味子成为驰名的品牌。五味子收成最好的一年，纯收入高达3100万元。在这样的大好形势面前，大梨树村又在附近的村镇租赁了5000亩土地，采用合作方式，吸引社会游资，建起了新的五味子种植基地，使大梨树村的五味子种植面积达到空前的10000亩。

其次，开发生态旅游业。大梨树村因地制宜，在花果山的基础上，开发了药王谷、联珠三湖等景区，建成了辽宁省最大的生态旅游区，集游览、采摘、休闲、娱乐于一体，并配置了餐饮住宿等服务设施。生态旅游区的发展与原有的集体果园生产融为一体，既丰富了生态旅游的内容，形成特色，又保证了水果的销路，互相促进，共同发展。大梨树的生态旅游业无论在规模上、活动的内容上、服务的水准上堪称省内一流，成为大梨树村的一张名片。

再次，开发房地产业。开发房地产业的初衷是改造旧村落。集中建设了仿古式二层楼的新村，集聚了村民，节约了土地，营造了江南水乡一样的生活环境和充满满族风情的文化氛围，提升了村民的生活质量，为村民生活方式的转变和生活水平的提高，准备了物质精神条件。新农村的建设还与生态旅游业的发展结合在一起，新农村观光成为大梨树生态旅游的新景区，扩展了游客的活动范围，丰富了游客的游览内容，同时也宣传了大梨树村的发展建设成就。在积累了管理和技术能力后，大梨树村的房地产开发产业转战凤城市内，为凤城市区的改造建设作出了自己的贡献。

最后，发展村办工业企业。大梨树村发展企业有一个曲折的发展过程，有成功，也有失败。但大梨树村办企业主体上应予肯定，应予积极的评价，因为，村办企业为村集体增加了一定的收入，积累了办企业的经验，解决了村民剩余劳动力的就业问题，增加了村民的收入，同时还培养了企业的管理人才。

此外，积极发展村民的各种经营活动，迅速致富。村集体的生产经营活动一方面解决了村集体的经济发展问题，同时也带动村民自主创业，发展家庭经济和私营经济。村民从单纯的农业生产迅速地进入多种农业经营、工商产业和社会服务行业等领域，步入市场经济的发展轨道。村民在摆脱贫困后，迅速地发家致富。

大梨树村在改革开放阶段的主要成就体现在以下三个方面：

1. 农业实现产业化

大梨树村的农业生产活动由各家各户的联产承包，通过土地的“反包倒租”等方式，迅速地转变为集体经营，由种植粮食作物迅速地转变为种植五味子和水果等经济作物，由被动地接受市场的左右转变为主动地掌控市场。农业生产的产值增加了，技术含量提高了，与市场的契合度增强了，生产经营者的主动性增强了。

2. 农村实现城镇化

大梨树村仿古新村的建设，不仅彻底改变了村庄的面貌，最重要的是改变了原来村庄的功能，改变了村民的生活观念和方式，使村民过上了城镇的生活。大梨树村的城镇化不同于有些地方依靠外部力量，只在形式上实现城镇化。大梨树村完全是就地、自主实现城镇化，完全是村落的城镇化与村民思想观念、能力、生活水准的城镇化同时实现。

3. 农民实现知识技能化

在改革开放的条件下，不仅生产发展了，最重要的是村民思想观念的变化、生产生活技能的提高。过去的农民只知道种地，大梨树村的村民在改革开放大潮的洗礼下，开始从事多种多样的生产活动，掌握了多种多样的生产技术，相当多的一些人开始从事企业管理、市场经营等活动，形成了比较强的管理经营能力。

这个阶段的大梨树村进入了快速发展、稳固发展、全面发展的时期。村民彻底脱贫，基本实现了小康的目标，而且在经济发展的带动下，大梨树村各个方面的建设也开始了。改革开放在大梨树村既是发展的目标，也是发展的手段，取得了扎实的成效。

三、科学发展阶段

大梨树村在改革开放的总体趋势中发展起来的各个产业，由于经验不足等原因，必然存在一定的盲目性，各个产业间的关系、发展的方式、发展的速度和节奏、对市场的掌控能力，都存在一定的问题。特别是宏观经济环境的剧烈变化，使得大梨树村的经济发展经受了巨大的冲击。大梨树村及时地把握了科学发展的机遇，果断地调整了产业结构，努力转变经济发展方式，在科学发展、科学管理上下功夫。

第一，果断地调整了五味子产业的发展。

由于韩国市场需求的波动、国内五味子市场发育不足和五味子应用的局限，大梨树村的五味子销售遇到了极大的困难，大量的五味子积压，蒙受了重大的损失。大梨树村及时调整了经济发展方向，果断地取消了由村集体经营的五味子产业。五味子产业的调整，说明大梨树村已经意识到，五味子的发展过于盲目，只在种植规模上下功夫，在提高产量上下功夫；过分依赖韩国市场，供求关系单一，没有致力于国内市场的开发与建设；单纯地生产原材料，忽视了五味子的深加工；只注重外延扩大再生产，忽视了内涵扩大再生产，造成了无法挽回的损失。

第二，紧跟国内市场的需求，瞄准市场发展的新动向，大力发展生态旅游产业。

大梨树村的生态旅游产业规模已经在省内独树一帜，生态旅游着力在内涵上下功夫，以求质量上的提升。一是充实大梨树生态旅游的文化内涵，生态文化、大梨树的“干”字精神传统、养生文化、知青文化、满族风情等成为大梨树村生态旅游的文化特色；二是加强科学化管理，在服务的内容上和服务水平上下功夫，赢得广大游客；三是积极组织举办各种活动，在活动中彰显大梨树生态旅游的特色，比如金秋采摘节、知青文化节、葡萄节、药王谷开山大典等；四是努力扩展生态旅游的活动范围，开辟了专门销售反季水果的葡萄城，独具特色的影视城、知青城、仿古新村观光等，把游客的注意力扩展到山下；五是努力提升大梨树生态旅游的品质，加强基础建设，加强基础管理，加强宣传力度，大梨树生态旅游区被国家评为AAAA级旅游区，大梨树的酒店被评为3星级宾馆和特色酒店。大梨树生态旅游产业的经济效益和社会效益取得了空前的成就。

第三，对大梨树村在凤城市内的物流贸易产业进行了调整。

将经营状况不太理想、设施已经落后的龙凤宾馆出兑，将龙泽农贸市场部分出兑，换取了大梨树村内的发展资金，同时也减轻了管理压力。进一步修整凤泽大市场的设施，提升品位，加强科学管理，在提升效益上下功夫，使之成为大梨树村稳定的经济来源之一。

第四，创办钛铁厂，再次进行村办企业的尝试。

大梨树村利用钛铁生产工艺简单、易于掌握的特点，市场需求较急，价格较高的机遇，迅速地开办了钛铁厂，并不断扩大规模，由最初的两台熔炉扩展到11台，形成了对市场具有一定掌控能力的规模，为大梨树村带来了很大的经济效益。

第五，大梨树村的房地产开发产业在完成了大梨树仿古新村的建设后，受宏观环境的影响，一度处于停滞状态。

在审慎的考虑和缜密的策划之后，大梨树村的房地产开发又在凤城市内重新经营，利用原来龙泽农贸市场的土地，建设一处具有两幢高层住宅和一座商贸裙楼的凤泽佳园，在繁华的火车站前地区建成一座居民小区。与此同时，大梨树村配合凤城市区改造，在凤城北山地区经营了一片200亩的土地。为了进一步提升大梨树村的城镇化水平，大梨树村正在村内规划产权式的高档养老小区的建设，争取打造辽东地区规模最大、设施最佳、品位最高、服务最优、对外开放的养老中心。

第六，根据凤城市的规划，大梨树村把一部分土地出让，建设规模空前的工业园区。

工业园区的建设虽然不能直接带给大梨树村经济效益，但社会效益是显著的。一是工业园区的建设加快了大梨树村城镇化的步伐，提升了城镇化的程度；二是土地的出让为村民家庭经济的发展提供了资金保障；三是企业的进驻和发展给村民提供了大量的就业机会，增加了收入；四是工业企业的发展增强了社会化大生产的文化氛围，为村民生活观念和生活方式的转变，为村民素质的提高，提供了方便条件；五是密切了大梨树村与相关进驻企业的联系，为大梨树村工业企业的发展提供了借鉴。这是农村间接实现工业化的一条捷径。

第七，村民家庭经济进一步发展。

一是形成规模，二是提升品位，三是扩大影响，四是增加效益，五是密切与村集体产业的关系。

另外，大梨树村在这个发展阶段进一步整治了发展过程中出现的问题和不足，总结了经验和教训，调整了各个产业之间的发展关系，协调了各个部门单位之间的协作关系，统筹了经济建设、文化建设、环境建设、社会建设、政治建设的发展，使大梨树村的发展建设形成体系，成为一个相互关联、相互配合、相互作用、相互促进的社会系统工程。

在科学发展阶段，大梨树村的主要成就体现在社会主义新农村的建设上。不仅建成了社会主义新农村，而且成为社会主义新农村建设的典范。

一是完全达到了社会主义新农村的五项标准要求，并在水平上、程度上有了相当的提高；

二是大梨树村的社会主义新农村建设产生了实际的物质效应、精神文化效应和社会效应；

三是保持了连续不停的发展态势，不断地取得新的成就，已经连续数年保持了社会主义新农村、全国文明村、中国美丽乡村等光荣称号；

四是大梨树村社会主义新农村建设成就取得了非常广泛的、深刻的、良好的社会影响，为其他农村的发展建设提供了榜样。

这个阶段的大梨树村，是发展思路和发展方向的调整期、阶段性的整顿期、进一步发展的探索期，为未来的进一步发展做好思想认识上的准备和措施上的改进。如果说大梨树村在前一个发展阶段还有一些盲目性的话，到了这个阶段，则更加自觉、更加主动了。这是本质的变化和提高，更是大梨树村党委和村委会决策、领导能力水平的提高和体现。

目前，大梨树村在党的十八大精神的指引下，已经开始进入全面深化改革，实现发展的新常态，把社会主义新农村建设推向新高峰的阶段。

自1980年至今，30多年已经过去了，回顾大梨树村的发展历程，不难得出这样的结论：

第一，大梨树村的发展是在党的改革开放路线指引下进行的，而且发展的方向、进程与速度与党的改革开放路线的推行方向、进程与速度完全吻合。这表明，大梨树村所取得的一切成就，完全是践行我党改革开放路线的必然结果，是党的改革开放路线改变了大梨树村贫困的面貌，创造了大梨树村的新发展。

第二，大梨树村的发展历程，与我国宏观环境的发展，与广大农村的发展完全一致，但是，大梨树村的发展也有自己的特殊之处。艰苦创业阶段、改革开放阶段、科学发展阶段的划分只是相对而言，其实，改革开放的精神贯穿了大梨树村发展的全过程，只是在实施上各有侧重。比如，艰苦创业阶段实质是大梨树村民在改革开放路线的鼓舞下，调动起自己改变命运的决心和行动，通过艰苦努力，开创大梨树村发展大业的阶段。大梨树村的改革开放阶段是大梨树村民改革开放的实际行动，使大梨树村走上了快速发展的轨道。科学发展阶段是大梨树村在改革开放过程中，根据党的科学发展观的精神，自觉地总结、调整，进一步规划全村的发展建设的阶段。

第三，大梨树村的发展和成就是在没有地缘优势、没有资源优势、没有特殊机遇的情况下，完全靠自己的努力取得的，因而具有普遍的意义。在改革开放初期，很多农村根据自己特有的资源优势，创办起相应的企业，因而获得很大的利润，经济获得快速的发展。还有的农村占据特殊的地理条件，沿边、沿海或者沿路，在外来因素的促进下，经济发展很快。也有一些农村，得到了特殊的机遇，获得了特殊的发展条件，很快地发展起来。而大梨树村全然没有这些外来的条件，完全是靠自己的努力发展起来的。在全国范围内，不具备特殊条件的农村是绝大多数，如果像大梨树村这样坚持艰苦奋斗，坚持改革开放，坚持科学发展，一定能取得大梨树村这样的发展成就。

第二节
骄人的业绩

纵向考察，大梨树村的各个发展阶段都取得了不同的成就，创造了大梨树村的辉煌历史。如果从横向的角度考察，则可以看出大梨树村在所有的方面都取得了非凡的成就，创造了不同凡响的灿烂现实。

中国特色社会主义建设是经济建设、政治建设、文化建设、社会建设、生态文明建设五位一体的总体布局，这既是内容上的概括，也是运作的方式。五位一体的布局涵盖了社会经济基础的建设和社会上层建筑的建设，积极地发挥经济基础对上层建筑的决定作用和上层建筑对经济基础的服务作用。这对于一个国家来说是这样，对于最基础的社会细胞——村庄来说，概莫如此，只不过规模不同，有所侧重。

一、经济建设

大梨树村与其他任何农村一样，把经济发展放在首位，花最大的气力发展经济。大梨树人在发展经济上做了许多大胆的尝试，涉猎范围广泛，经过千辛万苦之后，取得了骄人的成果。

（一）农业生产

大梨树村的农业生产不同于传统的农业地区，并不以粮食生产为主，而是以种植经济作物为主。来到大梨树村，进入人们视野的是漫山遍野的水果和板栗，是五味子，是树苗。这为村集体和村民带来了巨大的经济效益。目前，集体果园占地10600亩，这是全国规模最大的集体果园。此外，村集体还经营占地300亩的葡萄城，在109座日光温室中培育反季葡萄。村民各家各户经营的板栗总计占地10000亩，还有私人经营的柞蚕放养地。大梨树村的五味子基地在村集体经营时曾经达到5000亩，后来又在外乡镇租地5000亩，成为全国最大的五味子生产基地。五味子收入最高的一年是2006年，纯收入高达3100万元，成为村集体最高的收入项目。农业生产的效益在大梨树村的总收入中所占的比重也许不是很大、收入也不是很稳定，但农业生产与村民的日常生活关系密切，所以，这依然是大梨树村经济建设的重要组成部分。

大梨树村的农业生产最显著的特点：一是集体经营与家庭经营齐头并进，集体经营为主，家庭经营为补充；二是以经济作物为主，在经济效益上下功夫；三是有些项目，比如水果生产，与生态旅游完全结合在一起，采摘水果丰富了旅游内容，旅游解决了水果的销售问题，即使五味子、板栗、玉米这些产品，也有相当部分投入到旅游市场；四是大梨树村的农业生产基本实现了产业化经营。

（二）工业生产

大梨树村的工业生产走的是一条曲折的发展道路，随着农村发展的潮流，村集体也曾大力创办企业，投入了相当大的人力和物力，先后开办了20多个工厂，但经营并不理想，不得不转让或关停了。总的核算起来，创办集体企业收益虽然不大，但也没造成多大损失，至少安排了剩余劳动力就业，积累了办企业的经验，培养了管理和技术人才。在村办的企业中，有一个特例，那就是钛铁厂。钛铁厂的创办正是钛铁市场需求最急迫的时期，所以上马很快，发展很快，见效很快，由最初的两个熔炼炉很快发展到11个，几乎每年收入都在3000万元左右。但是钛铁的生产受市场的影响太直接，更难掌控，所以好景不长，很快又萎缩下来，进入维持期。

大梨树村的民营企业也有一些，酒业、食品加工、玉米制种以及碳素生产、建材生产等近10家，经营状况有好有差，这些企业为增加村民收入，解决就业问题起到了积极的作用。

大梨树村在办企业的过程中存在着一个比较普遍的情况：基本都是劳动密集型企业，科技含量偏低，有的是耗能大户，有的还对环境产生污染，个别的民营企业非法集资，破产后造成很不好的社会影响。这也许是农村发展工业生产的普遍问题。

在大梨树村有一个特殊的情况，凤城市的工业园区坐落在大梨树村里。凤城市政府征集大梨树村4.46平方千米土地，招商引进125家工业企业，创办了这座辽东地区最大的工业园区。这是凤城市发展经济的重大项目。虽然经济效益不体现在大梨树村，但给大梨树村带来了正面的社会效益。从整体上讲，这也是大梨树村工业化的重大进展。

（三）商贸物流服务业

商贸物流业是大梨树村最早在凤城市开创的产业，先后建设了龙凤宾馆、凤泽大市场、龙泽农贸中心，改造了凤城火车站前的棚户地区，居于举足轻重的地位。后来经过调整，出让了龙凤宾馆，部分出让了龙泽农贸中心。最后重点发展凤泽大市场。凤泽大市场是一座建筑面积达15000平方米、三层高楼、封闭式的贸易商场。在硬件建设上，大梨树村改善了凤泽大市场的设施，增加了现代的设备，扩展了使用面积，提高了功能，方便了业户和顾客，全面装修，改善了面貌，营造了经营便利、购物方便的条件和环境。在软件上，加强科学管理，完善规章制度，培训业户，发挥业户党组织的核心作用，密切业户与广大顾客的联系，强化大梨树村对凤泽大市场的引导和管理。目前，凤泽大市场的经济效益和社会效益都达到了新的高峰，每年的租金收入达到500万元。近几年来，凤泽大市场先后获得省个体协会授予的优秀共产党员称号1人，丹东市平安诚信示范业户2户，丹东市“户户讲道德，店店无假货”模范业户5户，十星级个体户8户，消费者满意业户60户，明星业户82户，获光彩之星的业户26户，先进个体户81户，凤泽大市场连续三年荣获省、市文明市场称号。

大梨树村在凤城创办商贸服务业，其意义超出了农村自身：农民走出农村，直接为市民服务，直接参与城市的经济发展，直接参与城区的建设，在城市大显身手。这已经彻底改变了传统农村的形象，农村不再是山沟里的狭小天地，而是在繁华的城市也占有了一席之地；重新树立了新时代农民的形象，农民不再是打工者进入城市谋生，而是以经营管理者的身份进城创业，不再是简单的农业生产者，与城里人并没有本质的区别。

（四）生态旅游业

大梨树村的生态旅游业既是创办时间比较长的产业，同时也是年年有新发展的产业。

大梨树生态旅游产业具有别处不多见的特点：一是大梨树村的生态旅游业，既是一项重要的产业，也是彰显中国社会主义新农村建设成就的窗口。大梨树生态旅游业不是一般的商业行为，而是在履行某种社会责任。二是大梨树村生态旅游业已经形成完整的产业体系，把游览自然风光、采摘水果、参观考察新农村的建设成就、乡村餐饮住宿、娱乐休闲综合一起。三是大梨树生态旅游业已经形成相当可观的规模。大梨树旅游区提供给游客的游览资源和接待条件能力，无论数量，还是质量都已经达到省内的一流规模和水平。四是大梨树生态旅游业的品质高。能够为游客提供高品位的文化享受和积极的人文精神熏陶。五是大梨树生态旅游业的建设与大梨树新农村的建设一体化。大梨树新农村建设的每一项成就，都成为生态旅游的新内容，人们游览大梨树就是考察大梨树村的建设成就；发展旅游业就是建设新农村，建设新农村就是发展旅游业；大梨树村的影响力就是大梨树旅游区的知名度。

大梨树村生态旅游业的效益并不仅仅体现在每年500多万元的经济效益上，它还解决了400多人的就业问题，带动了近百户村民的家庭经营。最重要的是大梨树生态旅游业所产生的社会效益，这是无法用金钱来衡量的。大梨树生态旅游业是大梨树村的一张名片，是宣传大梨树村发展建设成就的平台，是农村改革开放教育的课堂和基地。

（五）房地产开发业

大梨树村的房地产开发产业发展分为两个阶段。先是改造旧村落，在大梨树村里集中地建设了商业街市、仿古新村、欧式别墅园（两处）、传统的四合院，重新规划和改造了街道、桥梁，还有美化村落的装饰性牌楼、整治河道、水乡风光建设等。新村的建设，村民获得原房拆建补偿、成本价购新房、取暖补贴，直接受惠。改善居住条件，提升生活质量，改变生活方式，接受现代生活理念，是新村建设的最大效益。大梨树村因此荣获了“中国人居环境范例奖”“中国最美乡村”等称号。

建设新村锻炼了大梨树村的基本建设队伍，锻炼了村领导的胆识和管理能力。在此基础上，大梨树村再次进入凤城市内发展房地产业。在龙泽农贸市场的原址，开发凤泽佳园，融农贸市场建设与民居建设于一体，总面积为46000平方米，两座高层居民楼，一处高五层的裙楼。在凤泽佳园中，商业门市房5000平方米，居民住宅41000平方米。销售收入达到2.5亿元。与此同时，大梨树村在凤城北山地区收购了规划中的城区改造土地200亩。其中140亩将出让，收取一定的资金。另60亩建设城北物流汽车修配中心。

大梨树村的房地产开发进入城市发展，开辟了广阔的发展天地。农村的影响扩展到城市，彻底改变了人们对农村、农民的认识，城乡的联系更紧密，有利于农村的发展，有利于城乡差别的缩小。

二、政治建设

政治建设是面对整个社会的，具体到一个村庄也有其特殊的意义和作用。在大梨树村，政治建设主要体现在党的执政建设，发挥中国共产党在社会基层的执政地位和作用以及群众自治组织的完备和正常运行，通过政治文化营造出和谐的社会氛围。

（一）党的建设

党的建设主要是党的组织建设、领导班子建设、党员队伍建设以及党的执政作用的发挥。

通过组织建设，一方面增强党的组织力量，另一方面调整党员队伍结构。大梨树村的党组织始终健全，始终发挥着领导核心和战斗堡垒作用。由最初的党支部发展为下辖五个党支部的基层党委。党员队伍也在不断地壮大，解决了队伍老化、文化素质低的问题，党员队伍迅速地年轻化、知识化，通过党员的先锋模范作用，发挥党的影响和作用。

通过先进性教育，提高党员的素质，发挥模范带头作用。在社会主义建设新时期，农村基层党员的先进性主要体现在思想解放和勇于创新、带领群众发展经济、遵纪守法率先垂范、关爱民众为民服务等几个方面。党员在群众中发挥引领带头作用，发挥骨干核心作用，发挥表率垂范作用。

通过党的建设，大梨树村做到了党的组织无处不在，党的领导无处不在，党员无处不在，党员的模范作用无处不在。

中国共产党的执政地位和作用，在基层是通过党的路线方针政策的贯彻执行，通过党的组织发展、基层领导班子核心作用的发挥、党员的先锋模范作用来体现和实现的。在改革开放全面深化的新形势下，确保党在政治上的先进性是党的政治建设的基本内容。在数量与质量两个层面增强党的执政能力、发挥执政作用是党的组织建设的基本内容。坚持思想解放，坚持实事求是，坚持与时俱进，是党的思想建设的基本内容。遵守党的纪律，密切联系群众，发挥模范带头作用，是党的作风建设的基本内容。

（二）健全和发挥村民自治组织的作用

村民代表大会在大梨树村的社会生活中发挥了积极的作用，是村民表达意愿和行使权利的平台。好多重大的决定都是在村民代表大会上表决通过的。村民代表大会既有定期召开的，也有临时动议召开的。

村委会日常处理村里的行政性事务。村委会的领导成员大都是村党委的成员。党委会与村委会常常召开联席会议，一起处理事务性的问题。这在农村基层是正常的，也是可行的，有利于农村基层党政的协调。

大梨树村形成的服务机制在村委会的管理中体现得很充分，村委会实际上是为村民办理各种事务的机构，村民有事就找村委会，村委会忙于满足村民的各种需求。

大梨树村这么多年以来，村民自治组织的运行一直很正常，很平稳，很和顺，发挥了积极的管理作用。

（三）积极营造和谐的社会政治氛围

村民生活劳动在什么样的社会环境中、文化氛围中，对于思想情感、精神状态有很大的影响作用。我觉得这是一种政治文化的建设。这是意识形态方面的引导和陶冶。进入大梨树村便会感觉到“干”字精神无处不在，“干”字精神的成果无处不在，社会主义核心价值观的正能量彰显着积极的影响。大梨树村已经形成了努力创新、努力奋斗、努力发展的社会氛围，人人在奋斗，家家在发展。大梨树特有的“苦干实干巧干，干出一片新天地”的“干”字精神已经深入人心，深入村民的日常生活中。这种氛围的营造并不是特意宣传的结果，不是形式主义的空喊，而是自然而然地滋生、自然而然地渗透、自然而然地发挥作用。这种政治氛围并非为一时一事而刻意制造的，而是在长期的发展过程中不知不觉形成的。这是一种特有精神的延续和传承。这就是一种政治文化。

政治建设，首先，看似一个空泛的概念，其实，这既是宏观的社会性质问题，更是与人民群众息息相关的实际问题。人们看不到政治，感觉不到政治，但政治与每一个人都息息相关，不管人们主观意愿如何。其次，政治建设是党的执政作用和能力水平的保障。通过政治建设保证党永远立于不败之地，保证党在人民群众中保持积极的号召力和影响力。再次，政治建设是领导与管理社会的基本措施，通过思想精神方面行为的规范和引导，掌握、控制社会的运行和发展。最后，政治建设是社会上层建筑的发展与完善的重要措施，它将反作用于社会的经济基础，产生巨大的社会效益和经济效益。另外，政治建设是一项根本性质、战略性质的社会工程，但具体内容与措施则是随着时代的进步与发展而不断变化的，与时俱进是政治建设的重要原则。

通过政治建设，在大梨树村党组织的领导核心作用得到充分发挥，村民自治组织在创造和谐稳定、蓬勃发展的社会氛围上发挥了积极的作用，呈现出经济快速发展，村民生活水平明显提高，村民的幸福感普遍增强，一派祥和兴旺的社会景象。

三、文化建设

文化建设在农村，既是发展的重要目标，同时也是各项发展的保障措施，甚至，文化建设就是各项发展建设的本身，因为，各项发展建设的成果，无论物质成果还是精神成果，最终都体现在文化上。文化意义上的进步才是人类本质的进步。

当然，大梨树村的文化建设主要是活跃村民的文化生活和提高村民的文化素质。这些业务性质、事务性质的文化建设，对于大梨树村的各项建设都起到了保障和促进的作用，而且作为目标，一步步地向前发展。

（一）硬件文化建设

大梨树村舍得花钱搞文化建设，在村干部看来，花钱的效应不是有形的收获而是无形的收获，不在眼前而在长远，不可用数字计量而是无穷尽的。在大梨树村发展的历程中，随时可以看到在文化建设上的投入。为了弘扬传承大梨树人特有的“干”字精神，早在艰苦创业阶段便在花果山上修建了“干”字精神纪念碑，球形碑上刻着两米高的“干”字，一个人在球上挥舞着开山镐。后来又在群山中修建了面积达50000平方米的“干”字文化广场，广场上建有“鸡叫天亮干”字碑、“头顶烈日干”字碑、“披星戴月干”字碑，还有“干”字文化碑，碑高9.9米，表示长久地干。广场周围用360个“干”字形的围栏护卫着广场，表示长年干，牵手帮扶地干。在当年改山造田的现场修建这些纪念碑，把当年的“苦干实干巧干，干出一片新天地”的“干”字精神广泛地弘扬，永久地传承，这无疑是对大梨树人最好的艰苦奋斗教育。大梨树村最初修建了面积达800平方米的村史展览馆，后来又将村史展览馆建在花果山的“干”字文化广场山坡上，面积扩大为1500平方米，展览内容已经是第三个版本了。此外，大梨树村还修建了面积6000平方米的文体宫、2000平方米的文化活动中心。这些都是大型、专用的文化设施，还有些是与旅游活动通用的文化设施，比如影视城、药王谷中的养生坛文化广场、武次广场等。还有一些小的设施，对村民同样起到文化熏陶的作用，比如各个景点的文化牌、各个景点的命名、对联匾额等，对游览景点起到提示作用，这也是一种文化影响。更宏观地说，大梨树仿古新村本身也可以理解为极具文化意义的建设，不仅有优美的风光、舒适的生活条件，还有相当的文化内涵，比如，牌楼、街道、桥梁的命名，百合门、远志门、丁香门、梧桐门、五味子街、映山红街、天南星街、天葵桥、天冬桥、天竺桥、天雄桥、天麻桥，体现的是中医药文化，而市场门、通达路、康庄路，则是对未来的向往。

（二）文化活动组织

文化活动分为两种，一种是村里自己组织安排的，另一种是上级或外单位组织安排的。村里自己组织安排的主要是每年的文体活动，有的年份搞全村运动会，有的年份搞秧歌比赛，有的年份搞歌咏比赛，每年都有活动，只是内容不同。大梨树村大部分村民组都有秧歌队、篮球队，经常搞一些比赛。村民的广场健身舞长年活动，中老年村民踊跃参加。大梨树村曾在凤城市荣获过广场健身舞比赛的第三名。大梨树村组建了农民艺术团，排练了反映大梨树村发展变化的歌舞节目、满族风情的歌舞节目、回忆知青年代的歌舞节目。这些节目主要为游客演出，但村民在演出和观看的时候，无形中受到了艺术的感染和熏陶。此外，大梨树村配合新技术的推广，经常举办技术培训活动，比如五味子种植培训班。大梨树村还举办过故事会、演讲会及单项的体育竞赛等。举办各种节庆活动也是一种活动方式，比如新农村建设文化节、药王谷开山大典、知青文化节等。

外来的文化活动也很多。中央电视台的“心连心”艺术团曾在大梨树村演出，观众如潮，颇受好评。辽宁省第二届农民运动会的闭幕式、中国乒乓球超级联赛、第五届辽宁省农民运动会、辽宁盼盼篮球队与美国勇士篮球队的对抗赛等都曾在大梨树村举办，给大梨树村民带来无穷无尽的文化享受。辽宁电视台的《都市嘉年华》节目组，曾在大梨树村举办大型亲民互动节目。由国家农业部组织的“美丽乡村快乐行”在大梨树村举办，汇聚了许多知名演员为大梨树村民演出。大梨树村的影视城常有剧组来拍影视剧，不少大梨树村民作为群众演员在剧中露面，有的还饰演了有台词有名有姓的剧中角色，这都是对村民的文化熏陶。

文化建设活动的主体是人，而文化建设作用的对象还是人。在大梨树村，文化建设的实际成果体现在大梨树村民的转变和提高上。传统的农民，基本是单纯的耕作者，即使在集体经济时期，也仅仅是生产工具，完全处于被动状态，谈不上什么个人意志和权利。而在今天改革开放条件下，发展市场经济条件下，这些传统的农民正大踏步地向现代农民转变，当代农民是从传统向现代转变过程中的农民。大梨树村民在文化建设的作用下，在市场经济的锤炼中，个人素质得到快速的提升，实现了知识技能化。他们再也不是传统意义上的农民，而是具有多种生产技能的劳动者，具有多种经营能力的管理者，成为真正意义上的生产力第一要素。大梨树村70%以上的村民从事非农业劳动，而其余的村民参与的也是村集体的农业生产活动。自家承包的农田大都在业余时间耕作，成为业余农民。他们通过自己的努力，成为非农耕某一方面的生产能手，成为集体企业或私营企业的管理者，成为家庭经济的经营者。他们与城市里的劳动者没有任何本质上的区别。

四、社会建设

（一）社会建设的根本大计是民生问题的解决

大梨树村党委和村委会在社会建设中，始终牢牢抓住这一根本，努力为村民谋福祉。

1. 发展集体经济，壮大集体经济实力，使村民得到实惠。1980年，村集体总资产只有区区3000元。1990年，挺进凤城后达到8300万元。2000年，改造荒山，发展多种经营后达到1.9亿元。目前，村集体总资产已经达到5亿元。强大的集体经济实力是村民富裕的根本保障。

2. 在集体经济发展的同时，大梨树村努力促进家庭经济、个体经济和私营经济的快速发展，这进一步提升了大梨树村民的生活水平。1980年，大梨树村的社会总产值只有69万元。1990年达到2.1亿元，2000年达到5.6亿元，2015年已经达到14.8亿元。

3. 解决民生问题的直接目标是村民脱贫致富，让村民的生活富裕起来。大梨树村民通过艰苦奋斗，改革开放和科学发展，目的就是发展集体生产，提升村民的生活水平。1980年，大梨树村民年人均收入80元，到2000年时，人均年收入达到5400元，摆脱了贫困，2015年，人均年收入达到21200元，实现了小康，并在辽东地区居于领先地位。

4. 解决民生问题的最终目标是人的素质的提高、能力的发挥和发展的保障。在摆脱贫困，建设小康社会的同时，大梨树村已经把村民的素质提高和技能发展作为重要的民生建设任务。在实现了小康生活后，更在村民素质提高和技能发展上下功夫，让村民在经济活动和社会活动中，有更大的主动性和积极性。与此同时，大梨树村并没有忽视村民精神生活水平的提升和村民基本权利的保障和实现。

（二）完善社会服务功能，建立和谐稳定的社会秩序和运行机制

大梨树村通过两个方面的工作，来保障社会生活的正常运行。

一方面，从服务入手，把村党委的领导和村委会的管理寓于为村民的服务之中，在服务中体现领导和管理。这不仅是工作理念的转变，更是新型的管理机制和工作方式的建立。这种管理机制消除了管理者与被管理者的隔阂和对立情绪，在亲和的状态下顺利地进行了管理工作。这种服务的方式有助于密切干群关系，在感情上互相接近；有助于干部联系群众，而不是干部怕群众，群众躲干部；有助于把领导和管理工作落到实处，而不是停留在会议上，停留在文件上；有助于实事求是地完成各项工作任务，而不是形式主义花架子。这种新的工作机制和方式的建立，是大梨树村集体经济为主、家庭经济为辅的经济基础所决定的，同时又反过来为经济基础服务。这是一种新的发挥上层建筑作用的方式。

另一方面，通过村民制订的村规民约来规范村民的社会行为。村规民约的内容很具体，针对性很强，操作性很强。不仅有规范，而且还有奖励和惩罚的具体措施。惩罚措施主要是扣减每年末的村民福利。大梨树村的村民福利很优厚，很实惠，村民很看重它。如果因为违反了村规民约而得不到年末的福利，不仅是物质上的损失，更是精神上的伤害。用村民的话说，我们不是图那些东西，是丢不起那个脸。所以村规民约很有约束作用。

村党委和村委会的服务与村规民约的规范，从两个方面发挥作用，因而保证了社会生活的稳定与和谐。在大梨树村，村民之间关系和谐，家庭内部关系融洽，社会秩序稳定，治安状况良好。在大梨树村看不到打架斗殴，偷鸡摸狗的现象。大梨树村尽管是生态旅游区，外来游览的人很多，但秩序一直井然有序。

（三）优化社会结构

一方面，由于凤城市区的扩展，交通的便利，大梨树村与凤城市区不仅空间上越来越接近，而且由于大梨树村在凤城创办了商贸物流业和房地产开发业，在经济上的联系也越来越密切。与此同时，许多凤城市区的人来大梨树村定居或购置房产，许多大梨树村的村民在凤城市区购房定居，城乡融合的趋势十分明显。凤城工业园区在大梨树村落户办厂，更加剧了这种发展趋势。区域性的产业结构开始形成，合理分工，强化特点，相互补充，城乡二元化的结构正在逐渐消除、弥合。这种二元化结构的消失，农村并不是被动的，而是积极主动，并积极配合来实现的。

另一方面，大梨树村的社会阶层组成也出现了新的发展趋向。随着改革开放的推进，大梨树村的经济得到较快的发展。原来的贫困户都已脱贫致富，达到小康水平。好多家庭在经营土地之外开创了商贸、制造、服务等产业，成为村民中的佼佼者。很多村民的生活水平远高于城市市民。早晨和晚上，好多家门口都停放着自用轿车。可以肯定地说，大梨树村中等以上收入的家庭正在迅速地扩展，而贫困家庭已经不存在了。

区域性的产业结构和社会阶层组成的变化，表明大梨树村正面临着重大的变革：社会结构出现了空前的向好趋势，城乡正在实质上进一步融合，社会成员正在走向富裕。这种社会结构的变化必然带来社会运行方式的改变，形成城乡互动，协调发展的局面；城乡居民在生活理念、生活方式上的差距进一步缩小，形成互相渗透、互相学习的新趋势。

五、生态文明建设

大梨树村的生态文明建设主要是处理好人与自然环境的关系。在这方面大梨树村做了很多实际的工作，利用自然条件和改造自然环境。

大梨树村是一个山沟里的村庄。用村民的话说，出门就见山，抬腿就过沟，走个十里八里的，还在山沟里转，还在山坡上走。这是大梨树村的劣势，不足之处。但是，大梨树人因地制宜，种粮食不适宜，便改种果树、板栗、五味子，放柞蚕，培育树苗，经济效益成倍地增长。这一举动不仅利用了自然条件，还保护了自然环境。大梨树村青山绿水，植被茂密，是极其优良的生态环境。很多外地人来大梨树村定居，特别是城市来的老年人，主要是看好了这里的自然环境。用他们的话说，这里空气好，水好，自家生产的蔬菜好。大梨树村的高龄老人很多，这与大梨树村的自然环境和生活方式有很大的关系。

利用自然只是生态文明建设的一部分，而且是比较被动的部分。大梨树村民并没有被动地坐等自然的恩赐，在老书记毛丰美的带领下，主动地开发自然条件，改造自然环境，向荒山要财富，向荒山要绿色，打造优良的生态环境。利用10年时间，把原来只长荒草的秃山改造成水平梯田，改造成花艳果甜的花果山。把原来闭塞的山沟和山间的羊肠小道改造成车来人往的通衢大路，改造成柳暗花明的游览曲径。把原来无雨时干涸，有雨时泛滥的小河沟改造成绕山穿村碧波荡漾的河流。把原来的几座臭水塘改造成既防洪抗旱，又能游览的水库。不仅如此，大梨树村还把原来破旧的村落改建成仿古式的农村新居，既节省了耕地，又改善了村民的居住条件，实现了自主就地城镇化。大梨树村成为辽宁省规模最大条件最优的生态旅游区，说明了大梨树村的人居条件和自然环境已经达到了一定水准。

大梨树村在生态文明建设上，采取的是主动姿态，在利用的基础上，主动地去改造自然条件，主动地去创造自然条件。同时，与大自然建立一种伦理性质的和谐关系，尊重大自然，为大自然的发展创造条件，充分地利用，科学地改造，有节制地发展，积极地建设。

通过对大梨树村的经济建设、政治建设、文化建设、社会建设和生态文明建设的考察，我们可以得出结论：大梨树村在发展的过程中，建成了社会主义新农村的典范。大梨树村是辽宁省较早建设社会主义新农村的村庄之一。早在2007年初，党中央提出建设社会主义新农村的号召后，《共产党员》杂志便以“大梨树之路”为题，迅速地介绍了大梨树建设社会主义新农村的情况，在省内引起广泛的影响。可以说大梨树村践行了党中央关于建设社会主义新农村的号召，做出了显著的成绩，成为社会主义新农村建设的典范。

第三节
大梨树村新农村建设的普遍意义

大梨树村的发展建设成就可以从直接成果和间接成效两个角度来认识。

直接成果自然是35年来所取得的经济发展、政治稳定、文化提高、社会进步，这是可以用数字来体现的。

社会总产值从1980年的69万元，发展到2015年的14.8亿元；

村集体总资产从1980年的3000元猛增到2015年的5亿元；

人均收入从1980年的90元提高到2015年的21200元；

1980年以前，全体村民全都从事农业种植生产活动，而现在大多数村民从事的却是非农生产活动，村民成了业余农民；

1980年以前，大梨树村没有一个孩子考上大学，而现在仅2015年便有13名大梨树村的孩子考上了各级大学；

1980年以前，大梨树村的领导班子全是初中毕业，而现在领导班子里70%成员具有大专以上学历；

1980年大梨树村有党员32名，而2015年有党员178名。

这都是有目共睹，毋庸置疑的。

间接的成效则是无形的，但它的社会意义更为明显，作用更为深远。这就是大梨树村的发展经验产生的社会效益，具有典型性、可行性和普遍的指导意义。

一、大梨树道路

大梨树道路应该是大梨树村发展道路的简称。大梨树道路就是坚持艰苦创业、改革开放、科学发展，通过经济建设、政治建设、文化建设、社会建设、生态文明建设，来建设社会主义新农村的道路。或者说，大梨树道路就是以生态旅游业为主，多种产业全面发展；以村内为主，城乡联动；以集体经济为主，多种经济形式全面发展；以经济建设为基础，以政治建设为保障，以文化建设为动力，以和谐社会建设为目标，以生态文明建设为载体的社会主义新农村的发展道路。

如果换个角度来认识大梨树村的发展道路，还可以得出这样的结论：

大梨树村做到了有形的发展与无形的发展并举。大梨树村既着力进行了五味子种植、生态旅游、物流商贸、房地产开发和建设，收到了良好的经济效益和社会效益，同时也努力在领导和管理方式的改进、经济体制的建设、村民素质的提高等方面进行了有成效的探索。这些无形的工作看不到直观的效果，但的确有效地保证或引导了有形发展的顺利、健康进行。

大梨树村做到了实质性的发展与形式上的发展相结合。大梨树村的民居、道路、生活设施、环境的美化等建设是随处看得见的。这些城镇化建设的措施可能被看作是形式上的，但是，它的确是生产发展、生活宽裕的必然结果。如果没有这些物质载体，社会主义新农村的建设将是一句空话。所以，实质性的发展是由形式上的发展体现出来的。内容决定形式，形式体现内容。

大梨树村做到了物质的发展与精神的发展同步。大梨树村的经济发展是物质文明建设的成果。大梨树村的科学民主管理是政治文明建设的成果。大梨树人素质的提高则是精神文明建设的成果。关键在于大梨树村做到了同步发展，这样，三者可以相互作用，产生更大的效应。

大梨树道路是大梨树村发展建设实践的概括和总结，也是为境况大致相同的村庄指明的发展方向和途径。不同的村庄可能有不同的发展历程，但发展的方向却是一致的，而且是坚定不移的。因此大梨树道路具有很强的借鉴价值。

二、大梨树精神

大梨树精神就是通常所说的“苦干实干巧干，干出一片新天地”的“干”字精神。“干”字精神的产生源于毛丰美的一句话。有人问：大梨树村的这些成就是怎么取得的？毛丰美很肯定地回答：干出来的，不干什么都没有！后来人们根据这句话，归纳成大梨树的“干”字精神，具体表述是“苦干实干巧干，干出一片新天地”。这句话既概括了大梨树人的奋斗历程和奋斗方式，又指明了奋斗的方向；既承接了中国农民勤劳、朴实、坚毅、智慧的传统精神，又具有改革、创新、发展、科学的鲜明时代感；既是具体的奋斗口号，又是整体的、全局的、战略性的部署与安排；既是当时的精神动员和鼓舞，更是影响后代、永续传承的优良传统。它体现了社会主义核心价值观的内涵，成为大梨树村民发展建设的主旋律，成为推进社会主义新农村建设的正能量。大梨树“干”字精神的倡导和弘扬，有效地排除了当时社会上“一切向钱看”不良风气的干扰，保持了中华民族的奋斗精神，发扬了创新发展的时代精神。在人们价值观念混乱的今天，大梨树精神的产生和影响，必然为社会主义新农村建设带来新鲜的、强大的精神力量。

关于大梨树的“干”字精神，毛丰美曾经把它具体阐述为：“苦干——弯大腰，流大汗；实干——重规律，求实效；巧干——讲科学，闯市场”，并把它定义为大梨树的“干”字文化。这个阐述把“干”字精神作了进一步的说明。

大梨树的“干”字精神最直接，也最生动，更最深刻地体现了中国农民质朴、勤劳、坚毅、智慧的本质。这是大梨树村30多年来发展建设的科学总结。

一个干字，一个极其简单、极其单调、极其朴实的“干”字，包含了极其丰富的内容，涵盖了极其广泛的范围，蕴含着极其雄浑的力量，散发着无限光彩的魅力。

同时，这个“干”字也揭示了一个重要的哲理：创业，需要激情，调动主观能动作用；改革，需要胆识，敢于开拓创新；发展，需要科学，遵循客观规律。

大梨树村的山山水水因“干”字精神而透射出浓郁的人文精神！

在客观条件相同或相似的条件下，主观能动作用的调动和发挥则是事物发展的决定性因素。这是多年来被人们忽视的一个问题，而这个问题则是马克思主义十分看重的。社会主义核心价值观所弘扬的正是这样一种勇于面对一切艰难困苦的强大能量、判定一切是非曲直的绝对标准、保证每个人发展进步的根本动力。

三、大梨树成就

这一概括看似空洞，其实涵盖了诸多内容，是大梨树村发展建设综合效应的代名词，不仅包括经济建设的成就，也包括政治建设、文化建设、社会建设和生态文明建设的成就。是大梨树村脱贫致富的成就，发展建设的成就，创造辉煌历史的成就，改变命运的成就。大梨树村所取得的成就如果在大的范围内来评价，也许并非出类拔萃，但是，这个成就的取得是大梨树人多年来艰苦奋斗的结果，是脚踏实地一步一个脚印向前进的结果。没有盲目地追求所谓的速度，没有追求虚名，没有做表面文章，没有应付上级，一切从自己的实际出发，一心一意地做好自己的事情。大梨树成就既是辉煌的代名词，更是踏实的代名词。说大梨树成就，就是说实实在在的成就，没有虚假，没有浮夸，是能感受得到的成就，是大梨树村民得到实惠的成就，是能够变现为物质和精神利益的成就。大梨树成就不是形象工程，不是特意扶持出来的成就，不是昙花一现的成就，这在今天十分难得。

四、大梨树模式

大梨树村的发展建设模式有内容不同的两个，一是生产关系，一是领导管理方式。一个属于经济基础，一个属于上层建筑。

在生产关系上，大梨树村根据自己的实际，建立了大树状的生产关系。这大树就是村集体经济，大树上有几个大枝杈，每个枝杈就是村集体的一个产业，比如生态旅游业、商贸物流业、房地产开发业等。在每个枝杈上还有许多小枝杈，这就是家庭经济和个体经济，比如生态旅游业的大枝杈上就有许多家庭旅店、家庭饭馆、接送游客的马车汽车、出售农产品纪念品的小摊贩等小枝杈，集体经济带动、主导这些小枝杈，这些小枝杈补充大枝杈，互利共赢，大树茂盛盎然。这种生产关系体现了集体经济的强大作用，同时也为家庭和个体经济留足了发展的空间，而且，家庭和个体经济始终在集体经济的扶持、主导和掌控之下，两者密不可分。这种生产关系主次分明，分工明确，既需要积极配合，各自的自主性又很强；既显示了集体经济的主导地位，又发挥了家庭和个体经济的积极性；既尊重和保障了家庭经济和个体经济的地位，又坚持了社会主义性质。这种大树状的生产关系至少在丹东地区是首创。在很多地方还在积极推行家庭联产承包责任制的时候，大梨树村已经培育出大树状的新型生产关系，并且发挥了推动和保障广大村民积极投入到脱贫致富的发展活动中去的作用。大梨树村的大树状生产关系在农业产业化的进程中肯定会有新的变化和发展，比如农业资源的重新整合，可能出现新的合作性质的集体经济，也可能出现专业大户的个体经济，但在大梨树村，这都是集体经济这棵大树上的新枝杈，而不会是另外一棵大树。因为大梨树村的集体经济是一切发展的根基，只能进一步发育，而不会被颠覆。这种生产关系的稳固性是大梨树村发展的决定因素。既是发展方向的决定因素，也是发展规模的决定因素，还是发展程序的决定因素。

在领导管理方式上，大梨树村党委和村委会把领导和管理寓于为村民的服务之中，在服务中实现领导和管理。这是一种新的领导管理机制，当然也是一种新的模式。这种模式没有把领导和管理限于会议上和文件上，而是深入到群众之中，深入到群众的生产生活实际活动之中，直接面对群众的实际问题切实予以解决。这种领导管理模式不仅是一种方式方法，更是一种全新的理念，即把为人民服务的根本宗旨和以人为本的科学发展观核心，具体化到与群众密切相关的事务中去，在实际成效中体现为人民服务和以人为本，进而实现领导和管理。这密切了党与群众的联系，拉近了领导管理者与群众的距离。把领导与管理寓于为村民的服务之中，有助于克服官僚主义，有助于克服简单粗暴的工作方法，有助于改变脱离群众、脱离实际的工作作风。因而，这也是政治民主的一种实现方式。

生产关系和领导管理方式上的两种模式存在着必然的联系，甚至可以说是一个模式。这种模式反映的是大梨树村的经济基础决定了大梨树村的上层建筑，而这上层建筑又反作用于经济基础，服务于经济基础。这两者的互动必然产生积极的效应。在千变万化的社会发展时期，大梨树村在自己发展的坎坷进程中，探索出适应自己生产力发展水平的生产关系，同时又探索出适应这样的经济基础的上层建筑的一个内容——领导管理方式，不能不说是一个积极的创造，不能不说是一个重大的贡献。

五、大梨树文化

这里说的文化并非一般意义上的文化，而是与企业文化相对应的农村文化。这里说的文化是大概念的文化，是本质意义上的文化，人类所创造的一切，无论物质的，还是精神的，都可以在这个大文化中体现。大梨树文化就是这个意义上的文化。

大梨树文化就是以“苦干实干巧干，干出一片新天地”的“干”字精神为核心，大树状的生产关系为经济基础，以服务为领导与管理机制的上层建筑，以提高全体村民物质文化生活为基本目标的奋斗方向，把大梨树村建设成经济发达、政治稳定、文化繁荣、环境优美、村民安居乐业、社会和谐的社会主义新农村典范的新农村文化。大梨树文化既是大梨树村发展建设的写照和概括，更是一种农村发展建设的方向，还是文化意义上的新农村建设的理念。

大梨树的“干”字精神体现了一种新的农村文化。这既是大梨树人精神面貌的体现，也是大梨树人开拓创造的实践活动在文化层面上的概括和总结。社会主义新农村建设所提倡的乡风文明就是这个意义上的新型农村文化。这种新农村文化是新农村在经济建设、政治建设、文化建设、社会建设和生态文明建设各方面成就的外在体现，也是新农村在精神层面的需求。新农村文化既传承优秀的文化传统，又增添现代的内容；既是物质文明建设成果的体现，也是精神文明、政治文明建设成果的体现；既有农村文化的共性，也有不同农村文化的个性。新农村文化在不同农村应有不同的特色。大梨树文化就是大梨树人在社会主义新农村建设中的创造。

在我国改革开放、科学发展、依法治国的社会主义建设新时期，大梨树人在毛丰美的带领下，通过苦干实干巧干，的确干出了一片新天地，确确实实地取得了巨大的成就。大梨树道路、大梨树成就、大梨树精神、大梨树模式、大梨树文化就是大梨树村30多年来所取得的成就的体现。大梨树村在全国的农村中，也许算不上是翘楚，但与自己的过去相比，的确是天翻地覆，创造了前所未有的辉煌，改变了自己的命运，实现了新的发展，而且为类似的农村做出了榜样。大梨树村的成就是我们党改革开放路线指引的结果，是大梨树村干部群众共同努力奋斗的结果。这是大梨树村进一步发展建设的良好基础，也是大梨树人为社会主义新农村建设所做出的巨大贡献。

第三章　实　践

大梨树村在30多年的奋斗中取得了如此辉煌的成就，他们是怎么取得的呢？他们做了些什么呢？这必须在大梨树村的奋斗实践中去考察和探讨。大梨树村的实践经验很多，总结的角度也不会一样，下面从几个方面介绍大梨树村多年来的一些基本做法。

第一节
构建大树状生产关系

进入中国特色社会主义建设新时期以来，我国最重要也是最本质的变化是社会生产关系的变化，由单一的国有经济和集体经济向国有经济和集体经济为主，多种经营全面发展的方向努力，通过生产关系的变革来推动社会生产力的发展。人们在生产活动中的关系，人与生产资料的关系，人们在分配中的地位发生了重大的变化，出现了多元化的趋势。而在农村，农民脱离了大锅饭式的集体经济，实行家庭联产承包责任制，自主地位增强了，生产活动中的自由度增强了，收入也得到了一定的提升，解决了温饱问题。但是，在发展的问题上，农民却遇到了很多自身无法解决的困难。在这种情况下，农村的集体经济的发展问题被提到了桌面上。这时候的集体经济已经不同于大锅饭式的集体经济了。现在的集体经济不妨称作新集体经济。

大梨树村在大锅饭式的集体经济解体不久便意识到了这个问题。毛丰美去黑龙江贩运土豆和小米，就是一次发展集体经济的实际行动，解决了大队干部的工资问题，还有一定的集体积累。后来挺进凤城开办新凤旅店，建设龙凤宾馆、凤泽大市场、龙泽农贸中心等都是发展新集体经济的行动。土地分散在村民手里不利于村集体经济的发展，大梨树村采取反包倒租的办法，把这些土地集中起来，发展集体经营的五味子和果树生产，村集体经济又发展起来了。但现在的新集体经济不同于大锅饭时代的集体经济。一是农民土地出租收取一定的租金，二是实行农民承包制，三是村集中管理，组建了五味子农场和果树农场。这些土地由村集体经营，农民自主劳动，按劳付酬，提高了劳动效率。这实现了生产资料的重新整合。或者说，这是农业产业化、规模化、专业化实现方式的尝试。接着发展村办企业、生态旅游业、房地产开发业等，村集体经济强大起来，成为大梨树村的主体经济。新集体经济在大梨树村扎实地建立起来，成为大梨树村的主导经济力量。

一、把家庭经济、个体经济同集体经济组织在一起

在这种情况下，如何处理村集体经济与村民的家庭经济和个体经济的关系，是个实际的问题。一是如何解决集体经济与家庭经济、个体经济之间的矛盾，加强对它们的管理；二是如何扶助没有能力脱贫的家庭和个人致富；三是大梨树村如何适应日益发展的市场经济，应对市场经济的挑战。在这一严峻的形势面前，大梨树村开始了大梨树村经济整体化的尝试。这就是通过努力发展集体经济，带动家庭经济和个体经济发展，形成村集体经济主导，家庭经济、个体经济配合，两者互动、共赢的运行机制。这些性质不同的经济体的共同运作，形成了特殊的生产关系的运作方式，不妨把它称作一种具体的生产关系。大梨树村这种集体所有制经济为主体，多种所有制经济共存，互补共赢的混合型生产关系，即所谓的大树状的生产关系。从生产关系的角度和在生产关系的层面上，来理解大梨树村的这种经济构成和结构，也许更方便、更深刻些。

大树粗壮的主干是集体经济，在主干上分出许多支干，这支干就是大梨树村的集体产业，有村办企业、商贸物流业、生态旅游业、房地产

开发业、五味子果树种植业等，在各个支干上有许多小枝杈，这就是家庭经济和个体经济。比如，在生态旅游业的支干上就附着家庭旅馆、家庭饭店、个体摊贩、个体旅游车，甚至还有临时来出售剩余农产品或特色农产品的村民等。其他的支干也是这种状况。在这棵大树状的经济体系中，主干粗壮挺拔，支干繁盛，小枝杈枝繁叶茂，一片欣欣向荣。

在这样的生产关系中，集体经济自然是主体，是不可动摇的坚固主体。这坚固的集体经济对家庭经济和个体经济发挥着指导作用，指明发展的方向；发挥着决定作用，给予发展的信心和决心；发挥着导向作用，在错综复杂的市场运作中予以引导；发挥着带动作用，帮扶条件能力不足的起步发展；发挥着示范作用，作出具体的经营样板；发挥着支撑作用，在遇到困难和挫折的时候拉一把。这些是主体的、根本的、关键的、不可替代的重要作用。在这种生产关系中，家庭经济和个体经济起着配合的作用，为集体经济做配角；起着补充作用，为集体经济拾遗补缺；起着延伸作用，把集体经济的经营和服务做充分，做到位。这样的生产关系增强了大梨树村经济活动的整体性，对内增强了集体经济的凝聚力，发挥了主导作用。对外增强了对市场在认知、应变、交流等方面的能力，提高了掌控水平。这样，在大梨树的经济整体中，主次分明的关系消除了集体经济和家庭经济、个体经济之间的矛盾；有利于家庭经济和个体经济的运营和发展；保护了家庭经济和个体经济不受外界的干扰和伤害；互相依存，互相作用，一致对外，同步前进，共同发展。在这种生产关系的作用下，大梨树村的劳动就业，不仅很充分，而且解决了邻近村庄的就业问题；提高了就业人员的工作能力和经营水平；促进了家庭致富。过去令人挠头的国家、集体、个人三者之间的利益关系，在这样的经济架构中，基本不是问题了。因为家庭经济、个体经济紧紧地与集体经济捆绑在一起，利益一致；而集体经济又是国家政策的产物，所以不会产生矛盾。

在大树状的生产关系中，集体经济是矛盾的主要方面，处于把握大局，把握整体、把握发展的主导地位上，因而决定着大梨树村的生产关系是集体经济为主，家庭经济和个体经济为辅的构成。当然，在大梨树村的经济活动中，有的私营企业发展得很可观，甚至可以同集体的相关企业平起平坐。这加大了与集体企业合作，互相关照的可能，不会发生根本性质的利害冲突。

在这样的生产关系构成中，村民是集体生产资料的占有者，村民与村民同为一个经济整体中的成员，只有不同的分工，而没有地位上的差别，都通过生产资料的投入和劳动来参与分配。即使是家庭经济和个体经济的成员，他们都依靠集体经济才能顺利地经营，获得相应的经济效益，所以他们对集体经济只能依附，而不会排斥。大梨树村这棵繁茂的大树充满了和谐与兴旺。

二、大树状的生产关系是农村经济发展的一种趋势

大梨树村这种集体经济为主的生产关系在开始形成之时，正是家庭联产承包责任制盛行的时候。由于忽视集体经济发展，因而很多村庄集体很贫穷，一点公益性质的事情都做不了。尤其在家庭经济继续发展的问题上，资金、人力、信息、技术都处于捉襟见肘的状态，形不成合力，形不成整体，所以在发展的道路上搁浅了。

大梨树村的生产关系是一棵繁茂的大树，枝干分明，主体是集体经济，枝杈是家庭个体经济。主干通过支干为小枝杈和树叶提供营养和水分，而树叶展示着大树的繁荣。相比之下，家庭承包的生产关系则是一片小树林。在初期生长的时候，相互干扰少，所以都长得一片葱绿，村民们很快脱贫，不愁温饱问题。当这些小树都长大的时候，便产生了争

营养争阳光的矛盾，互相干扰，互相妨碍，要么谁也长不大，都难以发展；要么一树独大，把其他的树木都压制下去，形成新的贫富差距。

可以这样说，家庭联产承包责任制的产生是适应当时的需要，迅速解决农民温饱问题的重要措施，有其必要性和历史作用。但是，在解决温饱问题以后，面对农业、农村、农民的发展问题，家庭联产承包责任制则无能为力了，需要另辟蹊径。大梨树村的探索价值就在于此。大梨树的发展道路不同于有的村庄完全靠集体办企业挣大钱，把全村带起来，不需要家庭经济和个体经济的发展。大梨树村是集体经济与家庭经济、个体经济同步协调发展。不仅不互相排斥，反而互相帮带，互相扶助，同步发展。家庭联产承包责任制实际是规模很小的私有制，力量分散，没有集中优势，难以形成拳头。单纯依靠集体经济挣大钱，忽视家庭经济和个体经济的发展是单拳出击，有力却有限。而大梨树村的方式则是调动集体和家庭两个积极性，形成合力，从容应对各种考验，有利于集体经济和家庭、个体经济的发展。家庭联产承包责任制有利于脱贫，解决温饱问题。集体经济有利于农业、农村、农民的进一步发展。像大梨树村这样，集体经济为主，家庭、个体经济为辅，互相帮扶，共同发展的模式，在当前应该是可行性最强、实用性最强，效果最好的一种。

目前，农村的生产关系又有了新的发展和探索。在有些农村，由于农业产业化的需要，实行了合作制，土地入股，投资入股，集中耕作，统一管理，按劳取酬，按股分红。通过经营的利益关系，把入股者敛聚在一起，形成利益共同体。这是一种合作性质的新型集体所有制，集体与家庭联系得更紧密了。这种方式在大梨树村做过尝试，组建了五味子生产合作社，但由于市场变化和经营上的原因，以失败而告终。这在一个侧面上表明，生产关系的选择是与生产力的发展水平相一致的。股份制、单纯的集体所有制、大梨树村这样的混合型集体所有制，应该各有各的需求，各有各的适应条件，各有各的应用效果，不能一概而论，不能一决高下，必须从实际出发，因地而论，因时而论，因情而论。最重要的条件是生产力的发展水平。

大梨树村的大树状生产关系，在今天是适用的，但在将来肯定需要发展。如何发展，如何改变，则需拭目以待了。大梨树村还需要探索，还需要与时俱进。但是，历史已有定论，大梨树村这种大树状的生产关系有它的历史功绩，不可否定，适用的地区还可以借鉴。

大梨树村构建大树状的生产关系是变革生产关系的探索。邓小平同志说，革命是解放生产力，改革也是解放生产力。改革的着力点就在于生产关系的变革上。打破旧的生产关系，解放生产力，建立新的生产关系，促进和保护生产力的发展。大梨树村通过变革生产关系来解放被旧思想、旧观念、旧制度、旧习惯束缚的生产力，通过强化集体经济，活跃和规范家庭经济和个体经济，建立适应生产力发展水平的新的生产关系。这是实实在在的改革行为。

三、大树状生产关系的效应

这种生产关系的变革，效应是广泛的，既有直接的效应，也有长远的效应。

一是充分调动和发挥了村民的积极性，彻底克服了等靠要的旧习性，同时也防止了劳动力的盲目外流，把村民的精力集中在发展家庭和个体经济上，或者投入到集体的经济活动中去，促进发家致富，也促进了家庭经济的进一步发展和个人能力的提高和发挥。

二是发展了集体经济，活跃了家庭、个体经济，打造坚实的经济基础，加快了社会主义新农村的建设。

三是增强了村党委和村委会的发展建设实力和领导管理的凝聚力、

向心力，提高了村党委领导和村委会管理的力度和实效。这种集体经济与村一级的管理行为密切结合在一起的方式，既发挥了村党委的领导和村委会的管理作用，又发挥了集体经济的经营作用，使集体经济有了行政的依托，行政又能有效地掌控经济的运行。这在基层农村行政职能弱化的情况下，通过集体的经济组织和生产活动，把村民组织在一起，形成一定的制约机制，强化了村一级的影响力，有利于行政管理。这是经济基础与上层建筑的协调发展。

四是这种新的生产关系奠定了农村的经济基础，而这种经济基础使得凝聚力和向心力增强，决定了集体主义意识的加强，社会主义核心价值观得以巩固和发扬。

五是这种生产关系的和谐，经济基础与上层建筑的和谐，必然促进村庄这一中国最小也是最基本的行政区域的社会进入和谐状态。

六是大梨树村的这种生产关系由于集体经济占据主导地位，因而增强了运行的可调控性以及应对市场经济的多变性和复杂性的能力，有利于发展方式和发展节奏的调控，有利于经济的可持续发展。

当然，大梨树村这种大树状的生产关系有其特殊性，即大梨树村的经济规模还不十分大，经济运行的独立性还不那么明显。如果经济规模发展得十分庞大，经营运行得十分复杂，那么行政活动与经济活动则需要明显分开了。山东临沂的沈泉庄就是这样。沈泉庄的经济活动完全由江泉实业总公司掌控，而且外聘人员来具体运行。村党委只负责政治领导，村行政与实业总公司彻底分别进行。但是像沈泉庄那样的村庄还很少，更多的是像大梨树村这样的村庄，因此大梨树村的模式还是有普遍意义的。大梨树村的这种大树状的生产关系本质上是集体和家庭双层经济结构的一种运作方式，也许这是一种过渡性质的生产关系，但在一定时期内还是必要和适用的。

第二节
服务是村党委领导和村委会管理的基本方式

如果说，大梨树村的大树状经济构成是一种生产关系的话，那么，大梨树村为村民服务的领导管理机制，就是由这种经济基础所决定的上层建筑的一种运作方式。

在大梨树村，村党委的领导和村委会的管理是通过为村民服务的方式来实现的。

在社会主义新农村建设的五条标准中有一条是管理民主，虽然排在最后，并不是不重要，恰恰是太重要了，才排在最后，以示它的综合地位和决定作用，没有这一项，其他几项根本无法实现。

改革不仅是变革生产关系，不仅在经济基础的范畴进行，也变革不适应经济基础的上层建筑，包括变革人们的思想观念，变革行政管理体制和方式，建设与经济基础相适应的上层建筑，为变革了的经济基础服务。经济体制改革必须与政治体制改革同步，不然单条腿蹦，既走不快，也走不远，更走不稳。科学民主决策和管理是现代政治体制的核心，也是我们党倡导的政治文明建设的核心内容。

一、人的主体地位的确立和实现，是领导和管理的核心

无论经济体制的变革，还是政治体制的变革，说到底就是人的主体地位的确立，人的基本权利的保障和实现。在生产活动中，在社会生活中，人是主体，一切围绕着人进行，而不是人人围绕着事情运行，更不是围绕着领导机关和领导干部运行。一切活动都是为了人的生存和发展而进行的。生产经营活动和社会生活需要管理。管理与被管理构成了一对矛盾关系，管理者与被管理者形成了两个对立的阶层。普遍的看法是，管理者处于主导地位，被管理者处于被动地位；管理者是主体，被管理者是客体；一切活动由管理者决定，被管理者只能被动地执行。在私有制的封建社会是这样的，但在社会主义社会则相反，因为社会主义制度决定了广大民众是生产资料的所有者，管理者的意志和态度是由广大民众——生产资料的所有者——所决定的，管理只是出于广大生产资料所有者的利益来运行的。

在这个意义上说，中国共产党的执政和领导也是这样。中国共产党是中国各民族根本利益的代表，中国共产党的路线方针政策都是各族民众意愿的体现。为人民服务是中国共产党的根本宗旨，其缘由也在于此。中国共产党通过路线方针政策的制定和推行，通过对各项活动的领导，通过广大党员的身体力行，来保障和实现广大民众的根本利益。中国共产党的执政就是为人民服务。这是中国共产党与其他阶级政党的根本区别。每个政党都是本阶级利益的代表。资产阶级政党是私有阶级利益的代表，所以在社会生活中处处竭力成为主导者，统治者。而中国共产党是广大民众根本利益的代表，广大民众的根本利益是公有制社会的最高利益，所以全心全意为人民服务。

习近平总书记有一段论述非常明确和肯定：“要把基层党组织的工

作重心转化到服务发展、服务民生、服务群众、服务党员上来，使基层党组织领导方式、工作方式、活动方式更加符合服务群众的需要。”

通过服务这一基本方式、途径，把上级领导机关的路线、政策、决策、导向和工作安排，与基层民众的根本利益和基本需求连接起来，结合起来，统一起来，实现上级领导机关的领导管理意图，同时也满足民众的根本愿望。毛泽东同志曾经倡导为上级领导机关负责与为人民群众负责的一致性，就是通过为人民服务来实现。

这种服务对于各级领导机关和各级领导干部来说，关键在于两点：

一是忠诚于党的事业，认真努力地实现党的主张，为党的主张而积极奋斗。

二是热心为民众谋福祉、谋发展，把民众的需求、愿望牢记在心上，热心为人民群众服务。

只有做到了这两点，才有可能把为上级领导机关负责与为民众负责一致起来，才有可能切实做到服务发展、服务民生、服务群众、服务党员，做到既为党的主张努力奋斗，同时又为人民群众而积极工作。在本质意义上讲，为人民群众积极工作，就是为党的主张努力奋斗；通过为人民群众服务，实现党的奋斗目标。我党是全国各族人民根本利益的代表，就是通过这种方式来体现的。

过去，人们常常赞扬官员为民做主，为民做好事。其实这种为民做主和为民做好事还有相当浓厚的恩赐和居高临下的封建意味，虽然对普通民众来说算是一种好事。在现代社会，应该从为民做主转换为由民做主，这样社会的主体便从官员转换为民众了，民众成为这个社会的主人了。所以，在政治体制改革中，必须摆正官与民的位置关系，明确民众的主体地位，才能研究具体的管理措施，否则总也纠缠不清。党提倡的科学发展观的核心是以人为本，这再明确不过地宣告了民众在社会中的主体地位。

二、大梨树村党委和村委的探索

大梨树村在这方面做出了有益的探索。

大梨树村的领导者、管理者是怎么运作的呢？那就是把村党委的领导与村委会的管理寓于为村民的服务之中，在服务中体现和实现村党委的领导与村委会的管理。

大梨树村党委和村委会对村民做到了多方面的服务。这种服务其实就是他们领导与管理的方式和措施。

第一，为村民提供致富信息服务，帮助村民寻求致富门路，这样既克服了村民致富的盲目性，也便于对村民进行引导。

第二，为村民提供致富技术服务，帮助村民掌握致富手段，把村民的致富活动落实在致富的能力上。

第三，为村民提供供销服务，帮助村民顺利地走向市场，避免了致富过程中的风险。

第四，为村民提供资金服务，帮助缺乏资金的村民解决致富的燃眉之急，在致富的关键时刻推动一把。有些贷款，村里不仅提供担保，有的还由村里支付利息。

第五，为村民提供法律服务，帮助村民进行司法诉讼，这主要是讨要债务，解决经济纠纷等等。

另外，为村民提供扶贫服务，帮助没有能力致富的村民解决生活上的困难，这主要是针对老弱病残人家，让他们也能过上富裕的生活。

当然，还应该有许多其他方面的服务。

大梨树村党委的领导和村委会的管理体现了人性化的特点。

大梨树村把领导者、管理者与村民的关系，由领导、管理与被领导、被管理的关系，转变为服务与被服务的关系。也就是说，领导者、管理者由工作的主体，转变为工作的客体，而村民则由工作的客体转变为工作的主体。过去是领导者、管理者说，村民听；领导者、管理者去治理，村民被治理。现在完全调个个儿，村民是村里一切活动的真正主人，而领导者和管理者则是为村民这些活动服务的。村党委的领导和村委会的管理都从村民的根本利益出发，为村民的生存和发展全心全意地工作。由传统观念的“管”，转变为服务；由过去“主人”式的居高临下，转变为“公仆”式的平起平坐；由过去颐指气使的指手画脚，转变为平心静气的说服和教育。

这种服务型的管理体制和机制，从根本上转变了过去各级领导机关和管理机构只重对上级负责，而忽视了对人民群众负责的根本宗旨。对上级负责关乎自己的政绩和升迁，所以着眼点放在上级，一切向上，把民众的利益忽略在一旁。根本原因不仅在于各级领导干部的思想意识，更在于领导管理体制的弊端。对此，必须在领导管理体制上进行改革，实现转型。我党一贯倡导对上级领导机关负责与为人民群众负责的一致性，这是我们进行领导管理体制改革的基本指导思想。

民主权力不能机械地理解为处处事事都由民众个人说了算，这不可能。民众的权力是通过民众的代表来体现的。中国共产党就是中国民众根本利益的代表，中国共产党的派出机关，中国共产党的工作人员，就是通过为民众的根本利益服务，体现民众的意愿要求来实现对中国各项事业领导的。为人民服务，以人为本，就是对民众基本权力的尊重、保障和实现，就是党的领导和行政的管理。

大梨树村把党委的领导和村委会的管理寓于为村民的服务之中，在服务中体现领导与管理，这种服务看似解决的是村民们遇到的实际、具体的困难，但在本质上是在维护村民们的根本利益。对于村民根本利益的维护就是基层党委领导和村委会管理的基本职责。

大梨树村党委和村委会的这种服务并不是简单的有求必应，并不是跟在村民后面做应声虫，更不是居高临下的恩赐，而是站在维护村民利益的立场上，为村民的根本利益服务；立足于科学的发展观，坚持以人为本，促进经济发展和社会进步；立足于执政为民的方针，把领导和管理真正人性化；在为村民服务的过程中形成民主科学决策，依法行政，以德行政的广泛、雄厚的群众基础。

这种实质性的民主与程序性的民主是相互作用的。实质性民主是程序性民主的基础，而程序性民主是这种实质性民主的运作方式。

大梨树村这样做的结果是：

一是增强了村党委和村委会的威信和凝聚力，密切了干部和群众的关系；

二是对村民的致富活动和社会生活进行了有效的引导和规范，规避了很多经济活动中的风险和社会生活中的违法违纪现象；

三是保障了村民的基本政治权利，在具体的社会活动中实现了政治民主；

四是活跃了大梨树村的经济活动，使得村民的家庭、个体经济活动与村里的集体经济活动结合得更紧密；

五是培养了村民们的市场观念和从事经济活动的能力，从而提高了村民的素质；

六是提高了村党委和村委会的领导水平和管理能力，锻炼了基层干部，为提高党的执政能力丰富了经验；

七是在这种服务活动中，具体地贯彻了党的路线方针政策和政府的各项决策。

三、服务并不排斥其他管理手段

当然，这种把领导与管理寓于为村民的服务之中，在服务中体现和实现领导与管理的做法，是大梨树村实现领导与管理的最普遍、应用最广泛、最基本的途径和方式，但不是唯一的途径和方式。法制依然是大梨树村管理的重要手段。

除了广泛地宣传法律法规，进行普及法律知识教育，增强村民的法律意识之外，村党委和村委会还在普遍征求意见，广泛实行民主程序的基础上，制订了村规民约。大梨树村的村规民约的特点是：教育与惩治相结合，以教育为主；尊重民风民俗与移风易俗相结合，大力倡导具有时代精神的新风尚；注重实践性，完全针对村民的日常行为，不搞空洞的说教；注重操作性，对村民的行为有明确具体直接的规定，违背了有明确、可操作的惩治办法；在村规民约面前，干部群众完全平等，干部自觉接受村民们的监督。

社会在进步，在市场经济逐步发展完善的今天，政府的职能尚且由全能型向有限服务型转变，一个村庄更应该这样做。

我党是执政党，如何在农村基层体现党的执政作用？泛泛而论，不外是坚定地贯彻执行党的路线方针政策，发挥党的基层组织领导决策的战斗堡垒作用，发挥党员的先锋模范带头作用。但在具体的实施中，党员干部为群众服务是最切实的实现领导的方式。这样做，密切了党员与群众的关系，直接听取群众的意见要求，有利于科学正确决策，有利于决策的贯彻执行；直接面对群众，接受广大群众的监督，有利于共产党员先进性的保持，有利于正面形象的树立；把党的工作做到群众的社会实践中去，在具体的实际的工作中发挥作用，有利于党的实事求是的思想路线的贯彻执行，有利于作风的改进；具体践行党的为人民服务的宗旨，有利于党的威信，有利于党的积极影响。

我国在农村实行的管理措施是村民自治。村民自治就是村民自己管理自己。村民自治由村民选举产生的村民管理委员会来具体行使。村委会的工作职责就是对村民的管理。但这种管理并非自上而下的行政性质的强制规范，而是村民的自我调整和约束，这样，服务这一途径则显得更为适用，更为有效，更易于接受。

对于村民自治的理解容易出现泛自治的误解。自治不是任由村民个人说了算，而是村民整体的意愿；不是一厢情愿的自治，而是依据法律法规政策，有规范有条件的自我管理；不是灵机一动的决定，而是关乎村民根本利益的严肃决策。当然，村民自治也可能出现另一种倾向：把自治权力当作行政权力，把村委会当作行政管理机构，把村委会的职务当作官员，把自治行为当作行政措施。用行政办法和手段来处理本应自治的村民事务，伤害村民的权利。

如果用一个数学公式来表达的话，那么，村民自治=服务（管理）+法制（规范）+民主（村民权力的实现），村民自治的运作结构=经济基础的决定+文化的引导+制度的规范+民主权力的行使+基层党组织的领导和党员的带头模范作用的发挥。

实行村民自治是我国民主政治建设的一个重要的行动，需要实践来完善，需要时间来检验，当然，也需要广大村民来评判。

在这里，有一个比较普遍的社会问题不好回避，这就是当今社会上影响广泛深重的权力的运作问题。自经济体制改革以来，权力和资本在经济活动中的作用越来越不正常，越来越不规范，以至于相当一批干部成了“老虎”和“苍蝇”，伤害了民众，给党造成很不好的影响。概括起来，可以称作权力资本化。权力成为商业经营活动的重要杠杆。官商的出现，官与商的密切联系，贪腐贿赂的发生，权力金钱化，金钱权力化，是权力资本的主要表现。传统的价值观、我党大力倡导的社会主义核心价值观完全颠覆了。

权力资本化直接伤害的是市场经济的公平竞争原则，扰乱了经济秩序，使生产活动和市场活动在一个密不透风的暗箱中操作，在利益的支配下无序无度地运作，根本无法掌控。经济活动、社会生活进入了混乱状态。直接受害的是既无权力又无金钱的平民百姓，这是社会的底层，是社会的绝大多数。

不仅如此，权力资本化严重地颠覆了中华民族的传统美德和文化。以道义为核心的中华民族传统文化被权益所替代。权益居于至高无上的地位，成为人们普遍崇尚的目标，成为某些人价值观的核心，成为经济活动和社会生活的潜规则，成为一种腐朽的文化。高尚、圣洁的情操被金钱和权力所污染。不仅经济秩序、社会生活混乱，人们的思想观念也发生偏差，是非颠倒，方向不明。

权力资本化的严重后果是利益集团化，形成或者以地域为中心，或者以产业为中心的利益集团。这些利益集团之间进行权与益的交换，从而控制经济活动、政治活动和社会生活。这种后果真是触目惊心，不敢设想。危及的不是哪一部分人，而是整个社会、整个政权、整个国家和民族。

权力资本化、权钱交易是一大社会公害、一大历史污点，也是人类的罪恶。

由于权力掌控着生产力要素，所以权力与资本总是“打断骨头还连着筋”而“息息相关”。权力与资本的剥离只能依靠“自控”与“他控”来实现。“自控”即靠掌权者的自我控制，这是道德的修养，洁身自好。“他控”即靠民主监督和法制管理。掌握权力的官员应该树立服务观念，把管理的权力视为服务的手段，变换权力行使过程中的主客体地位。权力的行使是一种道德，是一种政治责任，是掌权者的付出，而不是攫取；这是职责，而不是职权。

让民众掌握权力，即政治民主，是根治权力资本化的治本手段。民众真正意识到自己拥有权力，便会意识到自己的政治责任，便会自觉地、主动地行使权力，监督政权的运行。民主监督是防止权力资本化的最有效手段。

法治是规范权力的武器。健全法制，把一切权力都关在制度的笼子里，割断权力与资本的联系，将会使权力在预定的轨道上平稳行驶，不至于越轨。任何越轨都将伤害他人，也将作践自己。

市场经济—民主政治—法治社会，这是现代社会强有力的三个支点。

大梨树村把领导与管理寓于为村民的服务之中，在服务中实现领导与管理是一次探索，更是上层建筑领域的一次创新。这种创新较之于经济体制改革，毫不逊色。这种“服务”的模式只是从效果的角度来考察和认识的。这是良好的开端和探索方向，能够提供一些借鉴和启示，但远未形成制度，远未成熟，甚至还缺乏一定的自觉性，需要建设性的发展。

第三节
把以人为本落实在村民素质的提高上

当前我国农民有两大问题，一是农村人口多，二是农村人口素质低，不适应农业现代化和农村现代化的需求，是社会主义新农村建设中的关键问题。

随着农业现代化的进程，农村的剩余劳动力越来越多，形成了巨大的人口压力。农民进城务工是农民自主解决劳动力过剩，消化人口压力的途径。但由此也带来了一些社会问题，如留守儿童的养育教育问题，留守老人的养老问题，农业生产、农村建设的持续和发展问题等。同时，农民进城务工也会给城市带来劳动力就业、社会公共服务的压力。比较稳妥的办法是在农村就地消化人口的压力。通过农民素质的提高，实现农民的现代化，把农村人口的压力转化为农村的人力资源优势，投入到农村的发展建设中去。转化的条件，一是发展经济，吸纳农业剩余劳动力和剩余劳动时间，二是提高农民素质，掌握更多的劳动技能，适应经济的发展和社会的进步。

农村劳动力素质不高，难以适应农村发展建设的需求，这既是迫在眉睫的问题，更是战略性的长远问题。我国农村在温饱问题解决以后，面临着发展问题。在某种意义上，温饱问题较之发展问题，尚属浅层次的问题。在全面发展阶段，农民素质不够高的矛盾将更加突出。现代的技术需要高素质的农民去掌握，产业化的农业需要高素质的农民去管理，市场化的经营活动需要高素质的农民去运作，而目前，我国尚没有完全做好这方面的准备。

在多年的建设社会主义新农村的实践中，大梨树村逐渐认识到：以人为本这一科学发展观的核心，是我党执政的一个重要原则和方针，是发展经济、建设法制社会和民主政治的基本出发点，是社会主义文化建设的核心。在农村，必须把以人为本落实在提高村民的素质上。

首先，提高村民素质是建设社会主义新农村的根本任务之一。建设社会主义新农村不仅要发展经济，建设文化，更要不断地提高村民的素质，这才是真正的发展。

其次，提高村民素质也是建设社会主义新农村的基本措施。建设新农村只有依靠农民素质的不断提高，才有保障，才能取得实际的发展和进步。

再次，提高村民的素质是保证和促进传统农民向现代农民转变的重要措施。传统农民转变为现代农民是历史性的任务，只有实现了这种转变，我国的现代化建设才算完成。

另外，提高村民的素质最本质的是以人为本。以人为本不是在具体事务上围着群众转，不是单纯地去解决群众的具体困难，而是切实、全面地提高人的思想、精神、心理境界，提高人的认识世界、改造世界的能力，使之在社会主义新农村的建设中发挥更大的主动性和创造性。

以人为本，就是一切都要从人民群众的根本利益出发，而人的发展和提高就是人的根本利益。除了解决各种各样的问题，保障生活水平的提高外，最重要的是不断提高人的素质，让当代人迅速地成长为现代人。

当代人从传统走向现代，是一个历史过程。人的发展进步是客观条件与主观努力相互作用的结果。把提高素质作为以人为本的核心，就是当代人向现代人转变的重要客观条件。人的现代化包括了文化素养的提高、思想品质的提高、生产技术的提高、各种能力的提高，达到适应现代生产劳动、现代生活和现代社会需求的程度。人的进步是社会进步的根本标志。人类创造历史、劳动创造世界体现的就是人的无穷作用、绝对作用。

多年来，大梨树村在提高村民素质上做了大量的工作。

一、用大梨树村传统的“干”字精神武装村民

在十年改造荒山的艰苦斗争中，大梨树人培养并发扬了“苦干实干巧干，干出一片新天地”的“干”字精神，并在改造后的花果山上竖立了“干”字精神碑，对“干”字精神作了科学的概括。现在，艰苦创业时期已经过去了，但“干”字精神依然在大梨树人身上体现，用“干”字精神统帅改革开放、科学发展的实践行动，用“干”字精神去开拓一切事业。“干”字精神在本质上说就是大梨树人的基本精神状态，就是大梨树人的价值观，就是大梨树人的世界观和方法论。“干”字精神已经成为大梨树人宝贵的精神文化财富，成为大梨树人的传家宝!

二、用现代科学技术来增强村民的致富能力

大梨树村先后建立了图书馆和农技推广站，投资90万元建设了科技示范园，推广新项目、新技术。建设了全地区标准最高的太阳能校舍，不仅开展普通教育，同时还是普及科学技术、培训村民的基地。村里同沈阳农业大学等三所高等院校结成帮学对子，聘请专家、教授进村指导，使460名村民在家里便得到了专家的培训。此外，村里还先后派

出180多名本村的技术骨干去外地进修提高。现在大梨树的村民大都有一定的技术专长，从事种植、养殖、运输、商贸、工程技术等各种专业的都有。大梨树村有科技示范户650户。大梨树村已经成为丹东市的科普示范村。

三、用丰富多彩的文化活动来活跃村民的文化生活，陶冶性情

全村23个村民组，基本上每个村民组都有群众秧歌队，而且经常活动。全村每年都要搞一次文艺比赛或者体育比赛。平日里，几乎每周都放映露天电影。大梨树农民艺术团每周在为游客演出的同时，也欢迎村民参与。由于大梨树村特殊的社会影响，每年都有一些文艺团体来大梨树村演出。比如中央电视台“心连心”艺术团便来大梨树村慰问演出过。凤城广播电视局组织凤城的专业文艺团体与大梨树农民艺术团合作，在大梨树村专场节庆演出并实况转播。辽宁民间艺术团的著名演员们也曾多次来大梨树村做过专场演出。这对大梨树村民都起到了潜移默化的影响。为了丰富村民业余的文化生活，大梨树村特地在村委会办公大楼东边，修建了面积为2000平方米、二层楼的文化活动中心。活动中心不仅有会议室、图书馆，还有棋牌室、乒乓球室。室外有健身设施，有跳健身舞的广场。在冬天或阴雨天，跳健身舞的村民还可以在室内活动。为了方便村民活动，在大梨树村的利民居住区修建了露天活动场地，有篮球场和广场舞的场地。每年的老人节，村里除了分发一些物品和补助款以外，还用车请老年人上山游览，看一看全村的变化。此外，美化环境也是陶冶性情的手段。山水林田路综合治理，给村民创造了一个人与自然和谐共处的环境。城镇化的新村建设更有助于人们思想观念的转变。

四、用法制来规范村民素质的提高

大梨树村的村规民约已经在村民的头脑里扎下了根。对违背村规民约的村民，有具体的教育惩治办法。村规民约已经深入人心，形成牢固的观念了。

五、用优越的物质生活条件保证村民素质的提高

提高人的素质，除了教育培训等手段外，不可忽视物质生活条件的保证作用，这是提高人的素质必要的物质基础。大梨树村在发展经济的同时，切实提高村民的物质生活水平。大梨树村已经免除或代缴村民的一切税费减轻村民的负担。不仅如此，每年春节还给村民发放大米、白面、豆油、白糖、粉条、花生以及烧柴补贴。家家都有自来水，家家都有有线电视，家家基本可以上网，家家基本有摩托车。大梨树村的私家轿车拥有率已经超过了某些大城市。村里所有的道路都铺上了黑色路面，所有的河上都架设了桥梁。相当多的村民住上了别墅式的小洋楼或者仿古式的新建二层楼。优越的物质生活条件，使得大梨树村民的生活方式逐渐现代化。

六、树立优秀典型来引导村民素质的提高

大梨树村的老书记毛丰美本身就是一个优秀的农民典范。他的事迹，他的言行，一直鼓舞着大梨树的村民。大梨树村还树立了一批发家致富的典型，遵纪守法的典型，助人为乐的典型，刻苦学习致富技术的典型，等等。这些人既是村民学习的榜样、赶超的目标，同时还是村民们发展提高的带头人。在他们的带动下，村民们的生产技术和经营能力都有了明显的提升。

七、利用外来人才促进和推动村民素质的提高

大梨树村不仅请专家、教授、学者来村里培训村民，同时还引进高级技术管理人才来大梨树村工作。有的已经在村里担当了很重要的管理职务。村党委和村委会先后聘请了 4 位有一定专长的人担任村里的顾问，参与村里的管理事务。村里还专门修建了别墅式的专家楼，以吸引外来人才。目前已经有多名具有高级技术业务职称的外来人员在大梨树村落户。这些人才的到来，一方面增强了大梨树村的管理、技术力量，另一方面这些人也带动了大梨树村民素质的提高。

现在大梨树村的青少年都完成了普及义务教育，将近一半的村民已经具有高中、中专、技校，甚至大专以上的学历了；所有的劳动力都有一种或多种技术专长，就业的能力普遍增强；全村近70%的劳动力从事的是非农业劳动，纯农业的劳动在这里基本是业余性质的了；全体村民对家乡普遍怀有热爱之情，对集体事务都怀有强烈的责任感；心中都有努力奋斗的致富目标和为之拼搏的决心和信心，掌握了一定的致富本领；村民的法律意识普遍提高，学会用法律来保护自己的正当权益，用法律同违法现象作斗争。大梨树的村民已经成为改革开放时代的新型农民，完成了传统农民向当代农民的转变，开始从当代农民向现代农民转变。

第四节
把民生建设作为新农村建设的出发点和归结点

坚持农民脱贫致富，不断提高农民的生活水平，是我党农村工作一贯的指导思想。让大梨树人过上与城里人一样的好日子，是大梨树村民发展建设的出发点和宏伟的奋斗目标，也是大梨树村一切工作的核心。这反映了大梨树村党委和村委会在工作的指导思想上，体现了以人为本科学发展观的基本核心，体现了我党为人民服务的根本宗旨。

让大梨树人过上城里人一样的好日子，这是大梨树村党委书记毛丰美的一句话。这句话原来并不是这样说的。30多年前，毛丰美在当选大队干部后，看到农民与城里人巨大的生活差距，他给自己定下一个奋斗目标：一定要让大梨树人过上比城里人还好的日子。这句话一直在激励着他，也一直在激励着大梨树人。后来，毛丰美在一个报告会上讲了这句话，一个部门的领导同志出于好意，建议将这句话改成过上与城里人一样的好日子。这句话虽然改了，但毛丰美心里想的依然是让大梨树人过上比城里人还好的日子。

我在大梨树村生活，最大的感受是这里的村民真的很富裕。有一年秋天，我在村里遇到一个村民。我随口问了一句：今年怎么样？他不经意地说：不怎么样。我又问：不怎么样是怎么样？他回答：也就收个二三十万吧！我听了很惊奇，一年收入二三十万还不怎么样！还有一次我从几个聊天的妇女身边走过，听到其中一个人说：这年头，手里要是没有十万二十万的，那日子可怎么过呀！我十分感慨：我算是收入还可以的退休公务员，手头也没有十万二十万呀！还有一天，我在街上遇到一对夫妻拿着镐头和铁锹上一辆小轿车，我很奇怪地问他们干什么去。他们很自然地回答：到地里干活去。我很惊讶，这里的农民居然开着小轿车到地里去干活。这些虽然不是普遍现象，但也值得人深思了。还有一年我陪省作协刘兆林主席到龙母湖附近去考察。我们随意进了附近的一户人家，同他们闲聊。他们一家五口：老夫妻、小夫妻和一个孙子。老太太在湖边开一家小店铺，卖日常生活品和旅游用品。儿子买了一台自动翻卸的大货车跑运输，整天在外忙碌。老头承包了龙母湖，养鱼，供人垂钓。只有儿媳妇在家看管年龄尚小的孙子。兆林主席问他们在村里属于什么收入水平，他们说，也就一般般的中等水平吧。这是朴朴实实的一家人，完全靠自己的诚实劳动来获得富裕的生活。

可以这样说，他们家除了儿媳妇和孙子外，每一个人的收入都能满足全家的生活需要，有的还要绰绰有余，比如儿子跑运输的收入。

大梨树村的社会风气特别好，很少有小偷小摸的事儿，我认为，除了人们的素质比较高之外，家家户户都很富裕也是一个原因。大梨树村村民的生活消费水平都很高，有些妇女常常开着小轿车去凤城，到高档的理发店和洗浴中心去消费，甚至到丹东去购买时尚的服装。这算是大梨树村民生活的一个状况吧。

民生建设，一般的阐述是六个方面的内容：发展教育文化事业；扩大就业，解决劳动力的出路；深化分配制度的改革；社会公共保障体系的建设；建立基本的医疗制度；完善社会管理。这都是民众必需的社会服务，也是当前民生建设的重要课题。

大梨树村在这方面做了大量的工作，取得了可喜的成绩。

一、把解决民生问题作为农村发展的基本任务

大梨树村的一切发展建设活动都是为了村民致富，过上小康生活。这是大梨树村党委和管委会工作的基本指导思想，是一切工作的根本目标。发展集体经济，壮大集体经济实力，使村民得到实惠。1980年，村集体总资产只有区区3000元。目前，村集体总资产已经达到5亿元。强大的集体经济实力是村民富裕的根本保障。在集体经济发展的同时，大梨树村民的家庭经济和私营经济也得到了相应的快速发展，这进一步提升了大梨树村民的生活水平。1980年，大梨树村的社会总产值只有69万元。目前已经达到14.8亿元。

二、解决民生问题的目标是村民脱贫致富，让村民的生活富裕起来

大梨树村民三十几年的艰苦奋斗，改革开放和科学发展，目的就是发展集体生产，改善村民的贫穷生活。1980年，大梨树村民年人均收入90元，到2000年时，人均年收入达到5400元，摆脱了贫困，2015年，人均年收入达到21200元，实现了小康，在辽东地区居于上游地位。

三、在经济发展，村民收入提高的同时，大梨树村的社会事业也发展了

过去农村常见的上学难、看病难、就业难、住房难、饮水难、行路难、养老难等几大难题统统得到有效的解决。不仅如此，村民的福利相

当可观，每到年终，家家户户都可以分到大米、白面、豆油等。考上大学的学生都有1000元至5000元不等的奖励。村民的新农合医疗保险也由村支付一部分。65岁以上的老人每年都有600元养老补贴。大梨树村为小学建设了2200平方米的教学楼、680平方米的食堂和宿舍楼，铺设了7000平方米的塑胶跑道和操场，把大梨树村小学建成了凤城市的一流学校，不仅解决了本村的就学问题，还吸引了大量附近乡镇的儿童就学，最远的是岫岩县的学童前来就学。

四、解决民生问题的最终目标是人的素质提高、能力发挥和发展保障

在摆脱贫困、建设小康生活的同时，大梨树村已经把村民的素质提高和技能发展作为重要的民生建设任务。实现了小康生活后，在村民素质提高和技能发展上下功夫，让村民在经济活动和社会活动中，有更大的主动性和积极性。与此同时，大梨树村并没有忽视村民精神生活水平的提升和村民基本权利的保障和实现。民生建设最根本的任务是人的发展和提高。在解决了人的温饱问题后，素质的提高、能力的发挥、人的发展是本质意义上的民生建设。

大梨树村在解决民生问题上的工作主要体现在三个方面：一是为村民的发展提供物质条件，建设各种设施。二是开展多种活动，把村民组织在各种提高素质、改善精神生活的活动中。三是在日常的各种工作中具体地解决民生问题，通过各种工作提高村民的素质，培养村民的技能，保护村民的权利。

民生状况是检验社会进步的一个标尺。在一般人眼里的民生问题似乎就是老百姓的吃喝拉撒睡等琐碎事儿。所以有些执政者往往用为民众办了几件实事、几件好事来概括自己的政绩。但他们忽视了一点，为民

众排忧解难固然是民生问题的重要内容，但民生问题的解决不能仅限于这个层面。这只是浅层次的民生问题，最本质的民生问题是在解决这些问题的基础上，满足民众的发展需求。

民生问题应该分为两个层面来认识，这就是生存与发展。民生建设也应该满足民众生存与发展的两个需求。对于民众来说，生存是基础，发展是目标，生存为谋发展，两者缺一不可。只解决生存问题是就事论事，没有长远打算；只讲发展不解决生存问题，是空谈，好高骛远，不求实际。农民的生存是温饱问题，即脱贫；建设小康生活则是农民的发展问题，即致富。当前，像大梨树村这样的农村，生存不是急需，发展才是努力目标，民生建设应该逐步进入发展问题的研究和实施进程。

对于财富，应该明确一个观念，即财富并非物质的丰富那么简单。涉及民众富裕的内涵应该是三个内容：一是金融资本的财富，包括物质的丰富，这是人们的一般认识。二是人力资本的财富，没有人一切都不存在。掌握劳动技能的人是生产力的第一要素。人的增多也是财富，潜在的财富。三是智力资本财富，人的能力、技术、智慧水平的提升是人的能量的积蓄。所以，人的富裕程度，人的财富的拥有，不能单纯地衡量金融资本，更应该看人力资本与智力资本，这是富裕程度的另一种衡量尺度，另一种富裕观。在民生建设问题上，不能不兼顾这些内容。

民众的发展问题究其本质来探讨，也并非致富那么简单，仅局限在经济层面。其实发展也是两个内容，一是民众创造力的发挥，一是民众权利的保障。创造力的发挥可以达到致富的目的。权利的保障既在致富的过程中，也在致富的目的达到之后。随着经济的发展，随着民众物质生活水平和自身素质的不断提高，人们的公民意识增强了。民生建设已经由解决经济的问题，转为解决政治的问题了。最主要的是民众对社会的参与意识和表达意识，通过这些参与和表达，实现自己的发展需求，建设小康生活。民众的自主意识与社会责任感觉醒了，需要一个表达的渠道和表现的平台，这是社会的进步。网络的发展为民众的表达增加了空间和自由度。这既是民众意愿表达的途径，也是民众监督社会，尤其监督行政、执法、司法等权力机构的渠道。在这种监督活动中保护自己的合法权益，保障自己的创造力和发展成果。现在，政治民主在大多数地区，在大多数情况下，还不是真正意义上的政治民主，很多只是解决具体的民生问题的诉求。这比纯粹意义上的政治民主更为实际，更为贴近民众，也更容易操作。民众生存与民众发展的协调，经济建设与政治建设的协调，不同阶层民众之间的协调，政府职能与民众团体作用的协调以及各种因素、各种作用的协调等应该是当前解决民生问题的重点内容。在这些问题解决之后，才能在政治民主的层面上建设民生，不过那是一个历史过程，需要条件的积累，需要民众需求的提高，需要政治民主机制的成熟。

第五节
努力创建社会主义新农村文化

大梨树村在改革开放初期主要是以脱贫致富的经济建设为主的，随着村民生活水平的提高，大梨树村开始在满足村民精神文化需求上下功夫了。随着经济实力的增强，大梨树村有意识地进行文化建设，以便提高村民的素质，打造大梨树村的文化氛围，提升大梨树村的文化品位。当初毛丰美给我这个村顾问的任务就是负责提升一下大梨树村的文化品位。从大梨树村发展进程可以看出，文化建设与经济建设的密切关系，同时也不难得出这样的结论：经济发展是文化建设的基础，文化建设是适应经济发展的需求而发展的；经济建设为文化建设奠定了物质基础，文化建设的发展必然为经济的发展带来新的动力和活力。而这里的经济建设和文化建设都是作用于人——新农村的建设者和未来建设者。经济建设解决的是人的生存问题，文化建设解决的是人的发展提高问题。两者不可或缺。同样，还可以这样理解，经济的发展与文化的进步必须同步进行，两者的互动是必然的，如果忽视这一点，无论经济发展还是文化进步都无从谈起。因此，任何地区，任何时候，都必须在发展经济的同时，关注文化的进步，把经济建设与文化建设放在同等地位上进行。改革开放以来，无论这方面的经验还是教训都已经证明了这一点。在我国的社会主义建设进入新常态的新形势下，必须在这样的角度和立场上来看待经济建设和文化建设，在继续以经济建设为中心的条件下，把弘扬社会主义核心价值观为基本内容的文化建设，作为重要的保证措施，互为条件，互为目标，同步推进，同步发展。宏观上是这样，在大梨树村这个最基层的地域单位也是这样。

不同的历史时期，存在着不同的农村文化。传统的农村文化是基于自然经济基础之上的小生产农村文化，狭隘落后保守是它的基本特点。在“左”的时期，实行大锅饭式的集体经济，因而这时期的农村文化最显著的特点是假大空泛滥，严重地束缚了生产的发展。而社会主义建设新时期的新农村文化，则带有改革开放的新色彩，致力于经济的发展和社会的进步，致力于民众物质和精神生活的改善，致力于民富国强。这不能不说是极大的飞跃。

新农村文化建设不同于城市的企业文化建设。城市的企业文化建设是经济实体的文化建设，而新农村文化建设则是一个地区——中国最小的行政区域——的文化建设，有相通之处，更有不同之处。因此，新农村文化建设的内容、方式和评价标准都有别于企业文化建设。新农村文化建设的基本任务是在文化的层面上概括、解读新农村的发展和建设，从文化的视角来总结、研判社会主义新农村建设的实践，建立文化意义上的新农村认知体系。

但是，在经济飞速发展的当今，很多地区只在经济发展上下功夫，忽视了文化建设，尤其忽视了新农村文化的建设。在一些领导者眼里和心中，几乎没有新农村文化的概念，不知道什么是新农村文化，更谈不上新农村文化的建设了。因此，在他们那里只能单纯地抓经济，抓GDP的增长，抓村民收入的提升，而没有任何文化意义上的举动，更谈不上在文化的意义上来理解农村的发展和建设了。如果说有，那也只是文化知识的普及和文化娱乐的开展，谈不上新农村文化的建设。至今，新农村文化建设几乎是个空白。在这种形势面前，大梨树村创造、建设了自己的新农村文化——大梨树文化。

大梨树文化基本涵盖了以下几个方面：

一、弘扬“干”字精神是大梨树文化的核心，也是大梨树价值观的体现

“苦干实干巧干，干出一片新天地”的“干”字精神是在大梨树村发展建设的实践中产生的，是大梨树人精神面貌的概括，是大梨树发展建设精神力量的体现，在大梨树村的发展建设实践中发挥了重大的作用，是大梨树人世代的传家宝。“干”字精神就是要充分发挥村民的主观能动作用，所以，“干”字精神可以视为以人为本的另一种解读——充分发挥人的积极性、创造性，这是对人的基本权利的充分尊重和根本保障。从这个意义上理解，不难看出大梨树人所营造的精神世界。这是大梨树文化的核心，也是大梨树文化的价值所在。

二、大梨树村的发展建设目标是让村民过上像城里人一样的好日子

城里人的日子是发展的，也在日新月异地变化，为大梨树人的奋斗不断地提供新的目标。

大梨树人的生活水平也在急速提升，在人均收入等方面已经不比城里人差了，甚至在居住环境、生活条件等方面超越了有些城里人。城里人的好日子有其历史局限，但作为大梨树人的奋斗目标则有积极的意义。至今，这依然是大梨树人的发展建设目标。我们期待大梨树人过上比城里人还好的日子。

三、大梨树村通过经济基础与上层建筑相适应、相协调的管理理念和手段，来实现发展建设的目标

这是在文化的层面上来理解大梨树村的生产关系和领导管理机制，来阐释大梨树村的经济基础和上层建筑的构建。大梨树村大树状的生产关系充分体现了大梨树人在生产活动中的地位以及人与人之间的关系，生产资料与人的关系。集体经济为主体，带动、主导家庭经济和个体经济；家庭经济和个体经济补充和辅佐集体经济，形成良性互动。这种协调的生产关系必然保证和促进集体经济和家庭经济、个体经济的有序运行和发展，体现了生产关系的社会主义性质，特别是中国特色的社会主义性质。而为村民服务的领导管理机制则保障了这种生产关系的正常运作，发挥了领导和管理功能，实现了上层建筑对经济基础的服务，形成了能动的反作用。在为人民服务、以人为本的意义上实践了政治民主。服务式的领导和管理是大树状的生产关系所决定的，然后又反作用于这种生产关系，促使大梨树村的经济、文化、社会、生态文明向前发展。经济基础与上层建筑在对立统一的过程中极大地发挥了各自的作用，它们的矛盾运动是大梨树村发展建设的动力。大梨树村的这种社会构建或者说是运作方式，正是对大梨树村经济、政治、文化、社会、生态文明建设的文化解读。

四、大梨树村的一切发展建设都作用于人的素质的提高，作用于人的发展

大梨树村的发展和建设直接作用于村民生活水平的提高，但这不是唯一的目的，甚至不是主要的目标。创造优越的生活条件，实现优越的生活水准，只是直接的、物质的目标，并不是最终目标。大梨树村发展

建设的最终目标是村民素质的提高，是村民的充分发展。优越的生活条件和水准只是进一步提高的物质基础，真正的提高是在物质基础之上的精神文化的提升。当代农民是传统农民向现代农民转变过程中的农民，只有素质高，发展充分的农民才能顺利地实现这种转变。中国的社会主义建设最本质的目标，就是创造条件，尽快地实现当代人向现代人的转变。社会主义新农村建设的目标自然是促进当代农民向现代农民转变，所以，我们农村的一切工作都应着眼于当代农民向现代农民的转变，促进这种转变。这才是文化意义上的发展和建设。大梨树村注意到了这一点，正在努力实践这一点，这是大梨树文化的发展目标。

文化建设始终是我国现代化建设的重要课题，更是社会主义新农村建设的重要内容。结合大梨树村的文化建设，我们不得不探讨当前文化建设的一些基本措施。这主要是：

第一，从盲目迷信崇拜西方文化中解脱出来。

要学习西方自工业革命以来的优秀文化理念和精神，弥补我们的某些缺陷，但不能盲从，不能不加分辨地一概接受。西方文化有西方文化的发展历史过程，西方文化有西方文化的地域特点，西方文化有西方文化的针对性，是一个特殊的文化体系，所以既不能盲目崇拜，也不应一概否定。目前，有一些年轻人对西方文化缺乏科学的认识，把西方文化视为时尚，不加分辨地盲目崇拜，造成社会价值观的混乱，这是一个教训。

第二，从固守封建保守的历史文化中解脱出来。

要学习、继承中国文化的优秀传统，但对中国的历史文化要有清醒科学的头脑，并非一切传统的都是优秀的。中国的历史文化基于传统的农业社会和封建政治，与现代社会有很大的差异，所以必须科学地予以选择，取其精华，弃其糟粕。坚定地继承优秀传统，果断地否定消极、落后、狭隘、保守的内容，有选择地继承和发展。站在现代社会的立场，科学地面对传统文化，是我们应当采取的原则态度。

第三，从物质利益的束缚中解脱出来。

不受物质利益左右，摆脱物质利益的消极影响，积极主动地进行文化建设。特别是在市场化的今天，文化市场的建设和市场文化的发展，既要考虑物质利益，为文化求得必要的发展空间，又不要陷在物质利益之中，成为物质利益的奴仆。文化建设要坚持独立的品格，超前的品位，引导物质文明建设，而不是尾随物质文明建设。

第四，从庸俗、低级、腐朽、落后的生活方式中解脱出来。

文化源自生活，文化源自民众，但文化建设不能完全复制原生态的生活。文化建设必须高于生活，成为现实生活的引导，发挥文化的精神作用。“一切向钱看”，追求享乐，追求物质刺激，追求糜烂的生活方式，与社会主义核心价值观格格不入。在文化建设上必须把倡导社会主义核心价值观放在首位，这样才能发挥上层建筑对经济基础的积极能动的反作用。

第五，从刻板的行政模式中解脱出来。

文化建设是创造，不同的地域、不同的时代背景、不同的社会条件，会产生出不同特色的文化。文化样式和内涵不是行政行为所能规定的。群众创造文化，时代创造文化，文化在群众的生活中，文化在群众创造历史的实践活动中。创造独具特色，富有生命力的文化，百花齐放，是文化建设的基本原则。

大梨树村的文化建设基本是沿着这样的方向发展的。

涉及大梨树文化的内容应该还有一些，这需要进一步总结、挖掘、探讨和研究。新农村文化建设是一个比较新的课题，需要大量的实践来充实。大梨树文化还在发育中，我们期待它在理论上和实践中取得新的发展，完善中国新农村文化建设理论和充实实践经验。

大梨树文化的产生是大梨树村的领导干部与村民共同奋斗的结果，是大梨树人在改造客观世界的同时，也发展了主观世界的成果。这是传统农民逐步转变为现代农民过程中的伟大创造。

第六节
生态文明建设与经济发展形成良性互动

大梨树村艰苦奋斗十年，改造荒山，建设标准的水平梯田10600亩，这本身就是发展经济的行动，也是治理生态环境的行动，只不过当时并没有那么自觉，发展经济的意愿居于主导地位，改善生态环境是次生效益。不过这一与大自然进行斗争的行动堪称壮举。不仅在改山造田的规模上举世无双，而且，改山造田的成效也可称为空前罕见，对于大梨树村发展水果生产和开发生态旅游产业具有决定性的意义，经济得到快速发展。

今天看来，这一改山造田的浩大工程也是生态环境建设的一大工程。在经济发展的基础上，自然环境得到了重大的改善。把荒山建成了植被茂盛的青山，一是净化空气，改善局部小气候；二是保持水土，防止水土流失；三是增强抵御自然灾害的能力，根除了山洪暴发的危险；四是发展经济，开发了水果生产资源和生态旅游资源；五是为大梨树村民营造了优美、舒适的生存环境。

大梨树村的生态环境建设并非改山造田这一项工程。在改造荒山后，大梨树村在发展经济的同时，开始有意识地加强生态环境的建设，从被动地利用自然条件，向主动地创造条件、改造自然发展。在治山的基础上，大梨树村开始大规模地治水。原来的大梨树村没有像样的河流，也没有像样的湖泊。有几条小河沟旱时断水，雨季河水泛滥，行路困难。有几处水泡子，杂草丛生，蚊蝇泛滥，水质污臭，影响民居。大梨树村在经济得到一定发展之后，开始主动地改变这一旧面貌。大梨树村集中财力，改造了原有的臭水泡子，新建了多处水库。把这些臭水泡子建成了10座山清水秀、风光秀丽的湖泊。并把湖泊之间的水道和河流修建一新，用拦水坝保证水流的充沛，用护岸堤保证河岸的整齐。这些湖泊和河流除了防洪排涝灌溉等功用外，还把大梨树村点缀得像江南一样，山光水色，十分迤逦，成为大梨树村的新景点，成为大梨树村民优美的居住环境。这些湖泊都有美丽的名字：丽湖、龙潭、旺湖、鑫湖、龟山东湖、龙母湖、小瑶池等。

除此之外还整修了大梨树村全部的道路。大梨树村是典型的山村，抬头是山，抬腿是沟，沟沟岔岔，没什么像样的路，给经济的发展和村民的生活带来了极大的不便。这也是造成山村处于封闭状态、贫穷落后的重要原因。大梨树村在修整村内道路上下了功夫。所有村民组、自然村落、居住点都通了柏油路，所有的河流上都修建了固定的桥梁，四季通行便利，风雨无阻，四通八达。原本闭塞的山村现在通行便利，与凤城来往自如。大梨树村通往凤城的公交车线路，据不完全统计至少有五条。过去靠牛车进城需要半天时间，靠自行车进城需要一个半小时，现在坐公交车只需20分钟。缩短时间就是提高效率，生活节奏加快了，村民的生活变得更现代了。

大梨树村在发展经济和改造生态环境上的一个大手笔是仿古新村的建设。由于沟岔纵横，大梨树村民居住分散，联系不便。为了节省土地，为了密切联系，为了便于管理，为了实现农村城镇化，大梨树村建设了仿古式的新农村，集中了一大部分村民。仿古新村的建筑面积达7

万平方米。新村共分三大部分。第一部分是沿桓盖公路两侧建设了店铺式的两层楼房，每两户为一座，供开设商业店铺用。第二部分是在新村中心地区建设仿古式的民居，民居为两层建筑，青砖青瓦，有院落。这部分仿古民居又分两个区域，一个区域是集中居住区，一个是四合院式的分散居住区。仿古民居是新村的主体，面积大，住户集中，人员多。新村的中心是武次广场。广场南侧是面积达800平方米的展览厅，原为村史展览馆，现在准备开发为满族民俗文化博物馆。展览厅门前竖立着“燕东风骨”和“武次重光”两通石碑，弘扬两千年前的武次文化。新村的第三部分是欧式别墅区。别墅区共两期建设，分别命名为“宜园”和“鑫园”。除此之外，为配合生态旅游业的发展，沿大梨树河建设了仿古商业店铺，像小秦淮一样绚丽热闹，与庄稼院、青年点、河边客栈组合成旅游服务区。另外，还建设了文体宫、标准的游泳池和嬉水池，面积达6000余平方米。在新村的主要路口都建有高大华丽的牌坊，以“百合”“远志”“梧桐”和“丁香”等命名。在穿越村中的大梨树河上，架设了五座石拱桥和一座河边凉亭，石桥的名字分别是“天葵”“天冬”“天竺”“天雄”和“天麻”。河边凉亭名为“马兰”。村中街道也以中草药命名为“映山红”“天南星”“五味子”和“威灵仙”。大梨树村临桓盖公路有两座高大的牌楼，一座是大梨树门，朝向的是康庄路。一座是市场门，朝向的是通达路。市场门有两个副门，内外门楣上书写着“乐天”“乐善”“乐生”“乐业”，这是基本的人生态度。大梨树仿古新村俨然成了风光秀丽的江南小镇。

即便散落在山沟里的村舍民居，也都建设得整齐舒适，依山傍水，环境宜人。山沟里不乏城里人购地建的房屋，俨然一派秀丽田园风情。

目前的大梨树村在发展经济的同时，把村庄建设成一个美丽的国家AAAA级生态旅游区，不仅村民安居乐业在青山绿水间，而且成为广大游客游览休闲的胜地。外地来大梨树村的游客往往一下车就惊叹：这不是江南吗！大梨树村的花果山览胜、药王谷探秘、联珠三湖休闲、新农村观光成为大梨树村标识性的风光。这是大梨树村经济发展的结果，也是生态环境建设的结果。生态环境建设促进了经济发展，经济发展建设了生态环境，相得益彰。治山、治水、修路、改善环境，修建新村得到的是经济发展和生态环境建设的双重结果。

在大梨树村，村民与自然风光完全融合在一起，形成了一个浑然天成的整体，进入了“身在自然、自然在心”的难得境界。这一切都取决于大梨树村把经济的发展与生态环境的建设同步进行，良性互动，经济发展带动环境建设，环境建设促进经济发展的结果。在这方面大梨树村的一些做法值得推荐。

任何一项建设性活动都不应该是单纯的，它的效应不仅体现在经济上，也体现在社会上。既产生主效应，也能产生次效应。如果很自觉、很主动地认识到这一点，那么那些次生效应可能得到强化，效果更明显。这是一种认识论，符合唯物辩证法。这应该是规划工作的出发点，而不是意外收获。有了这样的自觉性，才能掌握发展的主动权。

在发展经济的活动中不能忽视生态环境的建设，要把生态环境的改善和建设主动地安排在经济建设活动中。生态环境建设是经济可持续发展的重要措施，生态环境建设关系到村民的根本利益，是民生建设的重要内容，并非可有可无。村民对于自然环境的要求既是物质的需求，也是精神的需求。安居才能乐业，安居是乐业的物质基础，乐业是安居的精神成果。在人与自然的关系上，人类要采取主动的态势，不应被动地接受自然条件的摆布，应该在可能的情况下主动地改变不利的自然条件。有钱去搞经济建设，却没钱去搞生态环境建设，这就把两者对立起来了。

利用自然、改造自然必须遵循自然规律，建立一种互相尊重、互相利用、共同发展的伦理性关系，和谐相处。经济建设很多时候需要处理好人与自然的关系，这需要一个准则性的基本点，那就是尊重自然，按规律办事，不要粗暴地破坏自然环境，要保护和建设生态环境。大梨树村花果山的建设，既改造了不利的自然条件，建成了万余亩的水平梯田，发展了水果生产和生态旅游，同时，也整治了山洪和泥石流等可能的自然灾害，保护了自然环境。

任何经济活动都不能单纯地从经济效益出发，要兼顾生态环境效益。生态环境建设对于一个地区来说是一项规模较大的工程，所以，规划十分重要，要分期分批地、按部就班地实施，不能顾头不顾尾，只看眼前，不看长远；也不能一窝蜂似的大轰大嗡地搞。要注重实效，千万不可搞形式主义。大梨树村很重要的一个经验是把环境建设与生态旅游业的开发整体考虑，一起实施。在新农村建设中，既考虑村民生活的条件，也考虑旅游资源的开发，一箭双雕。

生态环境建设是一项社会性的工程，它的重点在于建设，而不是简单的治理。所以，治理必须与建设统一考虑安排，在治理中建设，在建设中治理，生态环境建设与经济发展必须一体规划、一体实施，不能脱离经济发展单纯地搞生态环境建设，也不能不考虑生态环境而盲目地发展经济。经济发展与生态环境的建设治理，完全统一在一起，相互依存，同步促进，没有矛盾，只有相互作用。

生态建设具有公共服务性质，需要大量的资金投入，这部分资金不可能摊派在村民身上。大梨树村主要是靠村集体经济的收入。在大梨树村，集体收入主要用于发展生产，除为村民上交有关保险等费用和发放福利外，主要用于环境设施的建设，生态环境建设和养护费用占据很大比重。这在某种意义上，也是社会福利。

生态文明是生态环境建设治理的社会效应的体现。1. 这是物质成果和精神成果的综合效应；2. 这是作用于人的生存和发展的社会性行为；3. 这是人与大自然和谐相处的一种方式；4. 这是建设性的工程，而不是单纯的治理性质的工程；5. 这是综合规划，综合实施的建设，具有战略性。生态文明建设与生态环境治理的本质区别就在这里。大梨树村的生态环境治理满足了上述条件，不仅治理了穷山恶水，还改善了人居条件，建设了仿古新村，提高了村民的生活质量和水平，所以，生态环境的治理升华为生态文明建设。

大梨树村把生态文明建设与发展经济完全融合在一起，通过良性互动，产生了意想不到的经济效应和社会效应，既发展了经济，又改善了村民的生活环境和条件，建设了人与自然和谐相处的社会文明。

在我国农村的发展建设中，有的地区把发展经济同生态文明建设完全对立起来，只抓经济发展，不考虑生态文明，结果，经济上去了，GDP大幅提升，钱没少赚，腰包鼓了，可是生态环境却彻底毁坏了，大气污染，河流污染，土地污染，难以治理，遗患后人，生态文明无从说起。目前在我国北方严重的雾霾天气，基本是盲目地搞所谓的工业化造成的，治理这些污染不仅需要花费大量的资金和技术，还需要相当长的一段时间。这不能不说是个极其惨痛的教训。大到国家，小到一个村庄，在致力于经济建设的时候，万万不可忽视生态文明建设。一定要经济建设与生态文明建设一起抓，形成良性互动，共同发展。盲目性和片面性的错误再也不能犯了。

第七节
积极利用外部人力资源，发展建设新农村

社会主义新农村建设是一个新课题，面对的都是新形势面前的新任务。由于历史原因，现有的农村人才大都不适应，难以很快进入状态，难以理解新的要求，难以掌握新的技能，难以具备新的素质。而且，农村的人才成长很慢，即使有些人成长起来了，大都留不下来，另谋高就了。

在这些新的问题面前，大梨树村采取的是两条腿走路的办法。

一、尽量发挥村民的主观能动性，学习新事物，适应新情况，掌握新技能，解决新问题

这是当代农民成长的过程，而成长的动力就是主观能动性的调动和发挥。面对新的问题不畏惧、不退缩，迎难而上。在这方面大梨树村党委书记毛丰美是个典型的代表。迎难而上不仅是勇气的问题，不仅是态度的问题，更是思想方法的问题，是思想解放的问题。以毛丰美为代表的大梨树人，不等不靠不要，自己努力解决自己的问题。大梨树村的领导班子，大梨树村的致富能手，都属于这一批人。他们是努力走向现代化的当代农民的典型。他们既有传统农民的质朴品质，又有现代农民的

进取精神，同时也努力具备现代农民的技能。大梨树村“苦干实干巧干，干出一片新天地”的“干”字精神，就是当代大梨树人的精神写照。

二、借用外部力量，积极引进人才，用外部人才来村里工作，带动本地人才的成长

引进人才的代表就是现任村党委书记毛正新。毛正新是老书记毛丰美的儿子。沈阳黄金学院毕业，已经在凤城市国土资源局正式工作，是公务员，而且已经成家立业，在凤城市内居住。为了大梨树村的发展，毛丰美动员自己的儿子毛正新回村工作。为了家乡的发展建设，毛正新也毅然地辞去公务员的工作，户籍关系转回村里，当起了农村基层干部，从基层做起，逐渐增长才干，终于担当重任。与此同时，大梨树村还特聘了一些具有特殊才能的退休机关干部和技术人员来村工作。有的负责某一方面的工作，有的担任村的经济、文化顾问。这其中甚至还有外来大梨树村定居的人员被聘到村里工作。不仅如此，大梨树村还从凤城市内招聘了一些工作人员直接从事具体的工作。这既解决了这些人的就业问题，也解决了村里人才匮乏的问题，一举两得。当然，还有定居在大梨树村的外来人，主动义务地为大梨树村做些力所能及的工作。大梨树村30多年的发展建设进程中，先后有10多名特殊人才在大梨树村担任过各种职务，这其中有凤城市党政机关的退休干部，参与大梨树村的经济工作；有沈阳农业大学退休的教授，负责五味子的生产；有专门从事古建筑修建的专家，负责大梨树村仿古新村的建设。除了这些相对固定的外聘人员外，大梨树村还从凤城市委宣传部等部门临时聘用一些人，帮助村里写写专门的文字材料或特定的工作。此外有20多名年轻的外来人先后在大梨树村就业，从事管理性质的工作。

村党委和村委会对外来人充分信任，充分尊重，努力创造工作条件，发挥他们的作用。

外来人员在村党委的领导下，在村委会的安排下，各有分工，各负其责，各尽其力，工作得有声有色。

对于大梨树村来说，外来人员的引进，一是解决了大梨树村人才匮乏的问题，帮助了大梨树村的工作；二是带动培养了大梨树村自己人才的成长；三是外来人才潜移默化地创造了大梨树村新的文化氛围，外来人才的新观念、新思维、新作风有助于大梨树人素质的提高和社会生活的活跃。他们的作用不可或缺，不可低估。这些退休的外来人才，有了新的工作机会，发挥余热，老有所为。对于那些年轻的外来人员来说，解决了就业的问题，机会难得。

外来人与大梨树村各有所得。

我曾经到山东临沂市的沈泉庄考察过。沈泉庄的经济十分发达，居于全国农村的前列。

沈泉庄村办企业多达25家，其中有五家是上市企业，另外在非洲还有企业。如此庞大的经济体单靠沈泉庄自己管理是无能为力的，它基本全靠外来人员掌管，村党委书记王廷江主持一切，但企业的具体负责人大都是外聘人员，村内干部只管村政事务，不参与企业的具体管理。这可以称作沈泉庄模式。沈泉庄模式的基础是它的经济体特别庞大，涉及范围特别广泛，门类特别庞杂，专业程度特别高深，所以沈泉庄自身难以掌控，只能靠外来的专业人员具体管理。沈泉庄的经济事务完全统一在江泉实业发展公司里，与沈泉庄村委会分别运行。

村委会是行政事务的管理体系，江泉实业发展公司是一个庞大的经济管理体系。

大梨树村与沈泉庄不同。在这方面大梨树村的做法很值得一般农村借鉴。

首先，在工作上，大梨树村党委、村委会起主导作用。大梨树村并不因为特聘的这些人有特殊的才能、有过特殊的地位而无原则地言听计从，而是在尊重的基础上为我所用。或者说，外来人员完全在村党委和村委会的支配之中，并没有特殊的地位、特殊的职权，也不参与村里的领导工作。

其次，创造条件发挥这些人才的作用，根据不同情况，提出不同的要求，进行不同方式的管理。有的委以负责的工作职务，有的给予宽松的工作要求，有的只发挥特长性的作用。有的长期聘用，有的只是临时聘用。总之，对外聘人员充分发挥他们的技术性的作用。

再次，形成外来人员与村内人员合作共事的良好氛围，在关系上不分村里人与村外人，待遇无差别，要求无差别，一视同仁，和睦相处，和谐共事。

最后，村里人努力学习外聘人员的新思维、新方式、新方法、新能力，提高自己，发展自己，改进工作，充分利用与外聘人员合作共事的大好机遇。

在长期的实践中，大梨树村开始形成聘用外来人员的制度。外聘人员越来越多，聘用方式越来越多样化，外聘人员作用的发挥越来越显著，已经成为一种常态，成为农村发展建设不可或缺的积极因素，这是一个良好的发展趋势。

在这方面我有切身的体会，因为我曾是被大梨树村聘用的外来人。

我曾经担任过一个城市的市委常委、宣传部长10年整，后来我辞去工作提前退休，专事文学创作。我是中国作家协会的会员，一级作家，获得过两次国家级的文学奖励，出版了20余部文学作品。2004年春天我定居大梨树村，成为一个地道的大梨树村居民。一个偶然的机会，省作协让我找毛丰美商谈作家到大梨树村考察的事情。那是我第一次面对毛丰美。商谈结束后，毛丰美问我对大梨树村的印象，我顺嘴说了一句：迄今为止，我所看到的关于大梨树村的介绍都是贪黑起早艰苦奋斗，好像是个学大寨的典型似的，这不全面，也不科学。大梨树村应该是改革发展的典型。毛丰美当即说：你做我的顾问吧。我没当回事，只回答：村里有事需要我，我作为村里居民，理应尽力。哪想到第二天早晨有人通知我到村里开会。到了会场毛丰美就宣布我是村里的顾问。同时宣布为顾问的还有一位凤城市经委的退休干部。当时毛丰美对我说：你负责提升一下大梨树村的文化品位。我理解这是让我做文化建设顾问。

我做的第一件事就是写了一组调查报告，写好后寄给了当时省委宣传部的主要领导。领导把我的调查报告批转给《共产党员》杂志主编，后来经过改写，以“大梨树之路”为题，在2007年第一期上发表了。当时正值党中央提出建设社会主义新农村的号召，而2007年党中央一号文件正是关于建设社会主义新农村的决定，所以这篇文章引起很大反响。自这篇文章发表后，所有关于大梨树村的报道和介绍大都引用这篇文章的基本观点。

与此同时，我为大梨树村创建了村史展览馆，介绍大梨树村的发展历程。我写了一本旅游读物《大梨树　故事与传说》，不仅介绍了历史上的故事和传说，还介绍了大梨树村现实的奋斗经历。我主持创建了大梨树村文工团，请凤城的专业人士作辅导，编创了反映大梨树村奋斗历史的歌舞，定期在每周末为游客演出，反应极好。大梨树生态旅游的解说词也经我改写过。花果山、药王谷、影视城的宣传资料也是我撰写的。我创作并出版了长篇报告文学《大梨树　英雄史诗》，这本书出版后反响很大，有三个县、市同我联系为他们写一写，我都因有工作在身而谢绝了。韩国首尔大学的一位学者看了这本书后，专程来大梨树村同我讨论中国农村的发展问题。在辽宁省第五届文学评奖时，《大梨树英雄史诗》被评上了长篇报告文学奖，后因为我的另一部作品也被评上了，只好放弃了《大梨树　英雄史诗》，但是当年的省作协工作总结和换届时的工作报告，都把《大梨树　英雄史诗》作为优秀的长篇报告文学作品而提及。在大梨树村的文化建设上，尤其生态旅游的文化建设上，我做了一些努力，突出了大梨树村的“干”字精神、中医药文化、满族文化、知青文化等。大梨树村的街道、牌坊、桥梁、主要景点都由我命名。我还为大梨树的生态旅游撰写了长达5万字的系统性的经验材料，不仅全面地介绍了大梨树的生态旅游产业，还为大梨树生态旅游的发展提出了一些建议。我受辽宁省作家协会的委托，负责大梨树村文学创作基地的事务，借此我在大梨树村创办了一个诗歌墙报《诗会大梨树》，采用喷绘技术，每年刊出一期，发表诗歌名家和游客关于大梨树村的诗歌作品，至今已经刊出8期了。我在参加村里一些决策会议时，也曾针对大梨树村的发展建设问题提出我的建议，有些采纳了，有些并未引起注意。

我做了三年顾问后，因年事已高卸任了。

我的老伴郝莹娟也曾作为引进人才而担当大梨树酒店的总经理。大梨树村原来有四家村办的酒店旅店，经营不善，濒临破产。后来进行体制改革，把四家中的三家合并为一家，继续经营，我老伴郝莹娟被毛丰美点名为总经理。我老伴干了一年，完善了酒店的各种规章制度，完善了酒店的管理体制和机制，创下了年收入500多万元和利润率27%的最高纪录。

我老伴在家休息了几年后，又被村里聘去做旅游公司的办公室主任，负责文字和特定的工作，比如突如其来的事故、难缠的争端、新接触的工作任务等。大梨树村的酒店被评为三星级，大梨树生态旅游区被评为国家AAAA级景区，都是我老伴郝莹娟主持完成的。直到不久前她才卸任，但至今依然义务地负责文化一条街的工作。

平心而论，村里对我们是看重的；我们对村里也是尽心尽意的。当然也有遗憾，那就是我们的一些建议并不被认识，后来的事实证明我们的意见是正确的。我们选中大梨树村定居是为了养老，因为这里不仅自然风光好，社会环境也非常好。想不到在这里我们发挥了一次余热，这是令我们十分欣慰的。

我们的切身体会是，大梨树村重视并利用外来人员对大梨树村的发展作用是明显的。利用外聘人员参与大梨树村的发展建设是一个高明之举。试想，如果没有这些外来人员的参与，大梨树村的发展建设不会这样顺利，也不会取得这样显著的成就。

第八节
优先发展第三产业，带动经济全面发展

一般的农村在改革开放大潮的推动下，基本采取两种措施来发展农村的经济。最初，绝大多数的农村在发展家庭经济上做足了功夫，以求得农民温饱问题的解决。比如凤城市的桃李村，最早在全地区成为农民年人均收入超万元的先进典型。后来，有些具备资源优势和区位优势的农村，率先发展工业企业，进而大搞工业化建设，使得农村的经济得到了突飞猛进的发展，不仅农民很快富裕起来，而且农村各个方面的建设也得到了相当的发展，远远超出了一般的农村。发展工业企业成为当时很多农村效仿的发展道路，农村工业化形成了巨大的浪潮，在广大农村迅速地推广蔓延开来。但问题很快便接踵而来，耗能过大，污染严重，技术含量过低，管理人才缺乏，管理经验能力不足，难以适应市场的巨大波动和冲击，一些农村很快便遭受了沉重的打击。特别是在我国对经济的发展方式和产业结构进行一些积极的调整之后，这一波农村发展工业企业的浪潮很快便风平浪静了。改革开放初期农村发展工业企业有其积极的作用，也取得了一定的正面效应，不失为一条具有方向性的发展道路。问题是好多农村过于盲从，不从自己的实际出发，因而造成了不必要的损失。

大梨树村另辟蹊径，走出了一条与众不同的发展道路，那就是从发展第三产业入手，全面发展农村经济。

一、第三产业是经济发展的突破口，为全面的建设积累资金，积累管理经验，并形成一定的经济实力

毛丰美一上任便通过长途贩运土豆和小米来解决村干部的工资问题。接着到凤城城里开办新凤旅社，后来又建龙凤宾馆、凤泽大市场和龙泽农贸市场，这三项开发性的建设在当时的凤城城里是破天荒的大手笔，不仅为大梨树村广开了财源，也活跃了凤城城区的经济，改善了城区的建设。在村内，为了解决水果的销售问题，毛丰美大胆地提出发展生态旅游，从来没旅游过的大梨树人开发了生态旅游业。而且逐渐地把大梨树村的生态旅游建设成辽宁省内规模最大，游览项目最丰富、服务设施最完备的国家AAAA级生态旅游区。为了改变农村的面貌，改善村民的生活条件，大梨树村建设了仿古新村。仿古新村的建设带动了大梨树村的房地产开发产业。大梨树村的房地产开发进一步挺进凤城，在凤城市内开始大显身手，已经取得了初步的成效。

二、第三产业的发展带动了其他产业的发展

大梨树村发展生态旅游的初衷就是解决水果滞销的问题。把水果生产与生态旅游直接捆绑在一起，不仅解决水果的销售困难，又丰富了生态旅游的内容，形成了一条完美的产业链条。仿古新村的建设在大梨树村不仅是村民改善生活条件的需要，也是发展生态旅游的需要，新农村观光成为了解新村建设的窗口，成为游览的重要内容。而且，在仿古新村建设的基础上，开发了大梨树村的房地产开发产业。不仅如此，第三

产业的发展还带动了家庭和私人经济的发展，围绕生态旅游，私人旅馆、家庭饭店、个体摊贩应运而生，形成了繁盛的发展局面。

三、第三产业的发展提高了大梨树村民的素质与能力

从事农业生产活动，内容相对简单，活动范围也极其有限，所以农民素质和能力的提高受到限制。而从事第三产业活动，直接面对社会，直接面对社会的各个层面，直接面对经营的管理机关和管理人员，活动的范围、内容、程度都有所加强，这无疑是农民提高锻炼自己的大好机会。好多村民从村集体发展第三产业得到启示，开始创业从事第三产业活动。原本村集体开拓的第三产业活动，扩展到村民家庭的第三产业活动。在大梨树村，家庭旅馆、家庭饭店、家庭生态旅游服务产业遍地丛生，与村集体的第三产业形成互补互动共赢的局面。农民从简单的农业生产者直接转变为社会服务行业经营活动的参与者、管理者，这不仅是社会角色的转换，更是素质能力的提升。

大梨树村在第三产业的发展上做出了努力，取得了很大的实际成效，保障了大梨树村的发展和建设。但是，大梨树村不是没尝试过其他的发展途径。比如，发展五味子生产，在第一产业的发展上取得了相当不错的成效。但由于缺乏长远的发展规划，应对市场变化的能力不足，因此没有取得完全的成功。在发展第二产业的工业企业上，大梨树村也进行了大量的尝试，但成功者少，失败者多，不得不草草收场。发展第三产业对大梨树村的发展建设所起的作用最稳定，效果最直接。可以这样说，大梨树村发展第三产业的经验是在发展第一产业和第二产业遭受挫折的情况下感悟到的，在比较中得出的结论。这是一个从不自觉到自觉的过程，是一个认识的飞跃。发展第三产业是大梨树村有别于其他农村的发展道路。虽然发展第三产业没有发展第二产业那么见效快，那么

直接，但是稳定，风险小，管理相对容易。实践证明，大力发展第三产业是大梨树村发展建设最成功的举措，符合农村经济发展的方向，具有战略性的意义。这不能不说是大梨树村的又一个创举。

在农村发展第三产业也不是轻而易举的事情，而且见效不如工业企业来得快。但是发展第三产业风险比较小，比较稳定，技术性的需要比较简单，管理难度相对小一些，所以农村发展第三产业在未来也许是新的方向和途径。

在大的范围来考量，世界的工业化浪潮和进程，随着信息化的发展，已经不那么举足轻重了。世界经济发展的推动力在于技术的提升，而不是工业规模的扩展。世界产业的结构已经进入以第三产业为主，第三产业发挥决定作用的历史时期了。现代社会的第三产业在社会总产值的结构中占据绝对的比重。当前，正是第三产业发展风起云涌的时期，但是不可能形成工业化那样的汹涌浪潮。第三产业的发展将更加理性，更加稳妥，因而进度也将缓慢。

第九节
村内经济与村外经济同步发展

大梨树村在改革开放初期，便已经尝试村内经济与村外经济同步发展了。1980年初，毛丰美担任大队长后，通过推行家庭联产承包责任制来发展经济，促进村民脱贫致富。与此同时，毛丰美开始发展集体经济，把目光指向村外。这是一个大胆的、远见卓识的举措。先是远去黑龙江贩运小米、土豆，解决村集体的开销问题。接着，大梨树村在凤城火车站前开办新凤旅社，为村集体筹措经费。后来，修建了当时凤城最高的建筑龙凤宾馆。紧接着，大梨树村在同一地区连续修建了规模很大的凤泽大市场和龙泽农贸中心，把凤城火车站前改造成繁华的商业城区。这些在凤城城区内的创业活动，为大梨树村发展农业经济、改造荒山提供了经济保障。正是在这样的基础之上，大梨树村发展了五味子产业、水果产业和生态旅游产业，规划重建了大梨树新村。在新村建设中积累了房地产开发建设的经验，大梨树村又转回凤城，先是建设了鑫康家园，后来又建设了凤泽佳园，紧接着参与凤城北部地区的开发，准备为凤城的城区改造和建设做出大梨树村的新贡献。而村内对集体经济进行调整，开发了钛铁生产，积累了大量发展资金；强化了生态旅游，使大梨树生态旅游区进入国家AAAA级行列；调整了五味子的生产，减少了经济损失。与此同时，由于密切了与城市的联系，凤城市政府把凤城工业园区建设在大梨树村区域内，等于大梨树村把凤城的工业园区引进村内，壮大了大梨树村的工业企业规模，增强了社会化大生产对大梨树村的积极影响。

村内经济的发展与村外经济的发展，形成了两条战线。无论村内还是村外都有挣钱的渠道。好像一只手伸向城里，一只手忙活在村里，两只手都在划拉钱。尤其可贵的是这两只手互相配合，划拉起来特别协调，越划拉越多。不仅有经济上的效益，还有文化意义上的效益。这两只手不仅为大梨树村的发展取得了成效，也为凤城市区的发展建设做出了一个山村不可忽视的贡献。

村内经济与村外经济同步发展的成效是显著的。

首先，村外经济的发展为村内经济的发展提供了资金保障，即村外挣钱村里花，仅凤泽大市场每年就为大梨树村提供500万元资金。这资金对于大梨树村内的发展建设来说是很重要的。

其次，开阔了村民的眼界，增强了经营管理的本事，世代猫在山沟里的村民走进城市，与市民打交道，见了世面，增长了才干，为村内经济的发展提供了人才支持。现在大梨树村的一些骨干人员当年都曾在凤城工作过。

再次，大梨树村在凤城的经济发展密切了大梨树村与凤城的联系，这联系不仅是经济上的，更是文化上的社会性质方面的联系。这种联系影响了大梨树村民的思想观念、生活方式，对于大梨树村民素质的提高具有很重要的意义。

另外，大梨树村到凤城发展，建立了一种新型的城乡关系。大梨树村的发展与凤城市的建设融合在一起了。由以城带乡的传统模式发展为城乡协调发展的新模式。在这种新模式中，农村掌握了发展的主动权，调动了农村的自觉性和积极性。这是新常态下城乡良性互动和共赢的关系，城乡发展的整体性增强了。乡融于城，城融于乡，对于解决城乡管理二元化的问题提供了条件。

大梨树村在村内经济和村外经济同步发展方面，有很多值得总结和借鉴的东西。

——在思想观念上，经济的发展不局限于村内，不局限于村本身，而是眼睛既向内又向外，突破思维的局限。这不是胆识的问题，而是大梨树村在改革开放初期的创造性思维，是思想解放的结果。这表明解放思想蕴藏着巨大的创造力。

——山沟里的农民走进城市，闯出一片天地，这是一个壮举。大梨树村进城创业不同于农民进城做农民工。大梨树村是村集体的行动，而不是个人的行为；目的不是打工养家，而是在城市里创业，直接为城市服务，直接参与城市的发展与建设；取得的成果也不仅仅是致富，而是在致富的基础上求得村内的新发展；发展的效应也不仅仅是经济上的，更重要的是文化意义和社会意义上的。

——大梨树村的村内经济与村外经济同步发展，并不是简单的两条腿走路，更不是简单的广开财路，而是开拓一条新的发展道路，这种同步发展最重要的是村内村外经济发展的一体化和同步化，完全有机地融合在一起，相互作用，产生一种综合性的效应。

——根据唯物主义辩证法，任何事物都是在对立统一中发展前进的。农村的经济建设也应如此。大梨树村的村内经济和村外经济同步发展，本质上就是辩证的统一。这给我们一个启示：做任何工作，都要善于在对立统一中寻求发展的方向和道路，克服简单、孤立、机械、片面的毛病。

——大梨树村所创造的城乡协调发展的新模式，为领导机关提出了农村社会主义建设的新途径和新方式：如何调动农村进城发展的积极性，如何为农村到城市发展提供方便条件，如何把农村的发展与城市的建设一致起来，协调起来。在以城带乡的基础上，实现城乡协调发展，从而把社会主义新农村建设推向新的发展途径。县一级政府应该在整体规划和发挥市场作用上予以推动，在基础设施建设、公共服务上提供条件，在文化特色上予以引导，形成城乡发展的整体一致。

大梨树村实行村内经济和村外经济同步发展的实践经验，是根据自己的条件探索出来的，有一定的特殊性。

1. 大梨树村距离凤城市区并不很远，且交通便利，方便管理。如果大梨树村远在深山，在城市创办实业，将有很大不便。

2. 大梨树村村内和村外两个经济的发展步伐很有节律，规模由小到大，一个一个地办，一步一步地向前走。

3. 大梨树村有毛丰美这样强大的领头人。毛丰美曾一度坐镇凤城办公，直接具体解决创办中的各种问题。

4. 大梨树村内经济的类型摆脱了传统农业的模式，与城里的经济活动有较大的联系，有相通之处。

大梨树村通过解放思想，发现了这些特殊性，利用这些特殊性，创造出特殊的发展方式。我们相信，其他农村不一定具有大梨树村这样的特殊性，但他们肯定各有各自的特殊性。发现了自己的特殊性，就能探索出自己特殊的发展道路和方式。关键还在于思想解放的程度和实事求是的能力。

第十节
通过经济建设、政治建设、文化建设、社会建设、生态文明建设来建设和谐社会

自2004年9月，党的十六届四中全会以来，建设和谐社会成为社会主义建设的重要任务，成为社会主义建设的目标和社会理想。

和谐社会建设任务的提出，有深刻的时代背景。

一是中国社会主义建设新时期已经进入到一个全新的发展阶段，即经济取得了显著的进步，中国的经济体制发生了根本性质的变化，社会的生产关系已经由过去的计划经济彻底转变为市场经济了。贫穷落后的中国初步建成了世界经济大国。

二是在经济基础发生根本转变的情况下，上层建筑也开始发生变化，传统的社会管理机制和方式正经受巨大的冲击，社会管理体制的创新问题摆到了日程上。依法治国，依法行政，建设法治社会已经摆上了社会主义建设的日程。

三是中国的社会结构发生了重大的变化，形成了不同的利益群体，产生了不同的利益诉求，不同利益群体之间的关系成为普遍关切的问题。这些不同的利益群体是依据他们对生产资料的占有和在生产关系中

地位的不同而形成的。贫富差别是各利益群体间的根本区分。

四是由于传统教育的缺失和不良社会风气的干扰，社会主义核心价值观受到了严重的破坏，尤其权力对经济运行的干扰，形成权力与经济利益的互动，诸多负面社会现象开始滋生和蔓延，影响了社会正常运行。

五是在改革开放初期，出现了一些盲目、片面、非科学、反科学的问题，比如忽视人的权利和地位，只在物质的增长上下功夫，形成了人与物的失衡。在经济建设中过分追求GDP的增长，忽视了国民幸福指数的提升，也影响了一些干部的思想观念和思维方式。和谐社会建设的提出，就是为了纠正这一偏差，构建有利于社会主义建设和人民群众和谐稳定的社会环境。

在这五点中，我认为社会结构的变化是最重要的，和谐社会建设任务的确定主要是针对社会结构变化的。社会结构的变化本质上是人们利益关系的变化。而利益关系的变化源于人们在生产活动中相对地位的变化，即生产关系的变化。人们利益关系的变化不仅表现在物质利益分配上的差别，更重要的是意愿表达程度上的差别，即政治权利的变化。由经济而政治，由经济基础而上层建筑，这是必然的规律。所以建设和谐社会是社会主义建设的重要方向、目标，当然也是途径。

农村的和谐社会建设就是社会主义新农村建设的基本平台。在农村的和谐社会建设上，主要解决的是人与人之间的关系问题，即领导干部与村民之间的关系，村民与村民之间的关系；解决各项发展建设活动之间的平衡协调问题，即物质的生产与精神文化的生产之间的关系；解决人与自然之间的关系问题，即生态文明建设；解决一个具体的农村与宏观的社会环境之间的关系问题，即跟随社会的发展进步同步协调。从这四个角度来认识新农村的和谐社会建设，在这四个层面上来安排新农村的和谐社会建设，才是科学全面的，既有事务性的安排，也有长远的考量；既有物质的建设，也有精神文化的发展；既是局部的措施，也是宏观的行为。

农村的和谐社会建设在总体上和本质上与宏观的和谐社会建设，以及城市的和谐社会建设是一致的，没有差别。但农村的和谐社会建设也有自己的特殊性。一是农村的和谐社会建设空间范围比城市要小得多；二是农村的和谐社会建设在内容上比城市要单纯得多；三是农村的和谐社会建设在运行方式上比城市要简单一些；四是农村的和谐社会建设在特色上比城市要鲜明得多。

党中央在2007年的一号文件中明确提出社会主义新农村的建设，现代农业建设是社会主义新农村建设的产业支撑，农民持续增收是社会主义新农村建设的经济基础，加强基础设施建设是社会主义新农村建设的物质条件。同时还指出，要注重实效，不搞形式主义；要量力而行，不盲目攀比；要民主商议，不强迫命令；要突出特色，不强求一律；要引导扶持，不包办代替。这对和谐农村的建设提出了原则性的方向和具体的实施意见。

在大梨树村这30多年的发展建设中，一直致力于和谐社会的建设。当然这有一个从不自觉到自觉的过程。大梨树村现在的一切发展建设成果，都可以理解为和谐社会建设的成果。换个角度说，大梨树村建成了社会主义新农村的典范，就是和谐社会的成就。当然，和谐社会的标准并不是静态的，随着时代的进步和社会的发展，无论社会主义新农村的标准，还是和谐社会的标准都是向上发展的。

我居住在大梨树村已经将近12年了。我最大的感受是这么几点：

一是这里的自然环境很好：空气好，水好，风光好，自己家种的蔬菜好，是个非常适合生存和养老的好地方。这里有山，山青，这里有水，水绿。在城市里很难找到这样好的地方，比在公园里居住都好。

二是这里的社会环境好，村民很朴实，很纯真，很友善。我从未见过邻里之间的摩擦争执，我从未听说过偷鸡摸狗的事情。我常常在不知不觉中得到村民的帮助。在这里不用担心丢东西，我家夜间常常忘了关房门。

三是这里的村民很富裕，我这退休的公务员在村民中间是比较寒酸的。村民中很多人都是百万以上的富翁，年收入都在十几、几十万元。小轿车的家庭拥有率也很高，有的人家甚至有两台，夫妻二人各驾一台车上下班。

四是这里村民的生活方式很现代，居住条件比城市要方便舒适，男人做工创业，女人追求时尚。我的老伴莹娟是个不落伍的人，但在她们面前常常自叹弗如。这里的村民经常到凤城消费。我常常听到村民讲到外地旅游如何如何。村民们的思想观念也很现代，基本没有传统农民那些保守狭隘守旧自私的东西。

我总的印象是大梨树村的一切都很顺：人与人之间很顺，干部与村民之间很顺，村民与大自然之间很顺，村里的各项发展建设活动很顺，大梨树村与整个社会的关系也很顺，村民做什么事情都很顺。这里真可以用安居乐业来概括。大梨树村不愧为社会主义新农村的典范。

在和谐社会建设方面，大梨树村做了很多努力和探索。

——大梨树村党委和村委会承接大梨树村的优良传统，在现代社会的条件下予以发扬光大，把村民的精神集中在致富发展上，为和谐社会的建设提供思想精神的保障。“干”字精神的提出和弘扬是一个重大的举措，为大梨树人确定了精神的标杆，调动了大梨树人的一切物质力量和精神力量，在“干”字精神的鼓舞下集合了大梨树人的全部意志和行动。这是精神的动员，也是精神的指引。大梨树村原来是一个闭塞的山村，与外界联络较少，形成了独特的和顺局面，这是一种原始的和谐，也是大梨树村的历史传统。在改革开放、发展市场经济的今天，随着经济的发展和社会的进步，大梨树村与外界的联系越来越紧密，新的思想观念也影响着大梨树人，原始的和谐经受着现代社会的考验和冲击。在这种情况下，大梨树“干”字精神成了村民的精神支柱。在“干”字精神的影响引导下，原始的和谐迅速地转变为现代的和谐，为和谐社会的建设奠定了精神文化的基础。

——大梨树村并没有对和谐社会的建设做出单独的安排，而是把和谐社会的建设与经济建设、政治建设、文化建设、社会建设、生态文明建设统一在一起，通过其他方面的建设来达到和谐社会建设的要求。和谐社会的建设是其他各项建设的综合效应。在这里，经济建设是和谐社会建设的物质保障，政治建设是和谐社会建设的政治保障，文化建设是和谐社会建设的精神保障，社会建设是和谐社会建设的平台保障，生态文明建设是和谐社会建设的自然环境的保障。其实，任何工作都是相互关联的，不可能绝对地单打独做；各项工作产生的综合效应大于这些工作之和。和谐社会的建设就融汇在这些建设中，就体现在这些建设中，无须，也不会有单独的和谐社会建设，即使单独地提出了和谐社会的建设，那也是其他工作在这里的拼凑。这是和谐社会建设的特殊属性。如果简而概之地阐述，社会主义新农村建设，就是农村版的和谐社会建设。

——在建设和谐社会的过程中，大梨树村确立了正确处理人民内部矛盾问题的工作机制。和谐社会建设中的问题，在大梨树村这样的基层，大都是人民内部的矛盾问题，因此必须本着“团结—批评—团结”的公式，从团结的愿望出发，通过批评和自我批评，达到新的团结。这主要是建立为村民服务、在服务中体现村党委的领导和村委会的管理的机制。这一机制充分体现了我党为人民服务的宗旨和以人为本的科学发展观的核心。与此同时，建立健全了村规民约，规范了包括村干部在内的全体村民的一切行为。村规民约从实际出发，针对日常的生活和工作，具体明确地提出了要求，有奖有罚，村民和干部一视同仁，一律平等，有很强的操作性。这村规民约就是大梨树村的“法制”。服务与法治相结合，对大梨树村的社会稳定和谐顺畅起到了决定的作用。2008年，村里的一个领导干部在一些人的怂恿下，接受了一个工程的贿赂。村党委当机立断，作出了严厉的处理，挽回了影响，平息了村民的不满，安定了民心。

——大梨树村党委把建设和谐社会作为执政的需要，作为执政的方式和途径来对待。这里最关键的是掌握社会进步和社会生活运行的平衡，在发展中平衡，在平衡中发展。这平衡包括各种矛盾问题的解决，经济发展中、政治进步中、文化建设中、社会建设中、生态治理中的各种矛盾都是和谐社会发展建设的动力。平衡就是解决矛盾问题的基本手段，也是基本的目标。在处理人与人之间的关系，包括家庭与家庭、干部与群众之间的关系上，在处理人与自然之间的关系上，平衡发挥了极大的作用。“和为贵”这一朴素的辩证思想是建设和谐社会的核心。和谐社会这一系统是在平衡中发展和运行的。在这平衡的过程中，在这平衡的状态中，执政的中国共产党才能发挥作用，或者说，中国共产党在当前历史时期的执政方式就是促使社会各个方面、各种关系的平衡与和谐。平衡是对过去的“以阶级斗争为纲”和“斗争哲学”的否定和颠覆。

现代社会用三个支点来维持社会的稳定，这就是市场经济、民主政治、法治社会。物理学上讲，在一个平面上，有三个支点的物体最稳定。社会也应如此。过去，我们国家曾经依靠计划经济和无产阶级专政两条腿来运行，难以保持平衡，只得用“七八年再来一次”的大规模阶级斗争来保持稳定。这忽视了矛盾的同一性，片面强调了矛盾的对立性。只看到“一分为二”，而忽视了“合二而一”。在政治上这是个沉痛的教训，在思想认识上这是个误区。平衡是矛盾运动的一种常态，事物在平衡中存在，而不是在斗争中存在。斗争是求得平衡的手段，而不是目的。目的只能是平衡。在社会主义建设的新时期，这应该是一项基本原则，这大概也是建设和谐社会的哲学思想。

经济建设、政治建设、文化建设、社会建设和生态文明建设是建设社会主义新农村的几个重要方面。我党十八大制定的“五位一体”的全局部署，就是我国社会主义建设的总体布局和总体目标。在农村，这几个建设在实施中可以有先有后，有主有次，但缺一不可，最后都作用于社会主义新农村的建设。这五个方面的建设既是社会主义新农村建设的内容，也是途径，还是作用力。这五个建设是五个系统，这五个系统组成了社会主义新农村建设体系。五个建设不是拼凑，不是简单的组合，而是五个建设的综合作用，建成社会主义新农村的综合体。借用自然科学的思维来概括，五个建设不是物理学意义上的“混合”，而是化学意义上的“合成”。其结果不是数量级别的增加，而是质量级别的提升。不是加法，而是乘法。

在社会主义新农村建设中，和谐社会体现的是农村的经济建设、政治建设、文化建设、社会建设、生态文明建设的综合效应。和谐社会的建设在农村就是社会主义新农村的建设。这样认识大梨树村所创造的建设和谐社会的经验，将更加容易理解。

第十一节
通过加强党的建设，发挥党的领导作用来统领新农村的建设

纵观历史，党的建设始终贯穿在党的奋斗历程中，是我党发展壮大的基本动力，是我党立于不败之地的根本保证。

大梨树村在30多年的发展建设实践中，党的组织一直在发挥着引导、组织、激励的作用。这些作用不仅体现为党的路线方针政策的感召作用，也体现为大梨树村党组织的领导核心和战斗堡垒作用，更体现为党员的先锋模范作用。正是党组织发挥了领导作用，党员发挥了带头骨干作用，大梨树村才取得如此辉煌的成就。

这么多年来大梨树村是怎样进行党的建设的呢？

一、加强党的基层组织建设

大梨树村原来设党支部，基层党组织是党小组，分设在各个村民组中。后来，村里的经济发展了，集体的经济组织增多了，党员的数量也大幅增加了。在这种情况下，大梨树村建立了党委，以产业为核心，带上几个村民组，成立了农业产业党支部、工业产业党支部、旅游产业党支部、果树产业党支部和凤泽市场党支部，各个具体的产业单位和村民

组都成立了党小组。以产业为核心组建党的基层组织，有利于以经济建设为中心，直接为经济活动服务，有利于在新农村建设的实践活动中发挥党的领导作用和进行党的建设，有利于党员在实际的生产经营活动中发挥骨干带头作用。

二、加强基层党的领导班子建设

村一级党的领导干部是最基层的领导干部，他们直接面对村民，他们时刻面对村民，他们直接处理村民的切身问题，因此他们必须是村民信得过的优秀党员，必须是有实际能力的党员，而且必须能够形成一个坚强有力的集体，发挥党组织的作用，而不是发挥个人的作用。毛丰美是这一领导集体的核心，有极高的群众威望，有很强的领导能力。在这一领导集体里，很早就形成了一个久经锻炼和考验的核心。大梨树村的领导班子成员因工作需要时有调整，但这个领导核心却一直保持相对的稳定。他们全心全意地为村民服务，赢得了村民们的信任。大梨树村的领导班子适应新的历史条件，创造了新的领导机制和方式，把村党委的领导和村委会的管理寓于对村民的服务之中，在服务中体现村党委的领导和村委会的管理。

三、加强领导干部队伍的建设

这不同于领导班子的建设，领导班子的建设基本是党的组织建设，而领导干部队伍的建设基本是党员的思想作风建设，即村领导干部的个人修养和人格魅力。我觉得这是大梨树村党的建设的一个特色。毛丰美在这方面作出了表率，所有领导班子成员都自觉地以毛丰美为榜样，努力工作，并努力加强同村民的联系。人格魅力是建立在深厚的情感基础之上的。村领导干部与村民同是大梨树人，他们辛勤地为村民工作，赢得了村民的信任和拥戴，有很高的威信，凝聚力和号召力都很突出。这些村领导干部能具有这样的人格魅力，在于他们较高的思想认识水平、较强的工作能力、勤恳负责的工作态度以及他们与村民情感上的密切关系。这种情感上的密切关系实际上是一种人性之美。村领导干部队伍是一个特殊的群体，它是党员的核心，它是群众的核心。村领导集体的战斗堡垒作用既是通过组织的作用来体现，也是通过党员核心的每一个成员来体现的。

四、加强党员的先进性建设

党员的先锋模范带头作用在大梨树村是很突出的。毛丰美率先做到了这一点。今天，共产党员的先进性主要体现在信念坚定，努力建设社会主义新农村；遵纪守法，处理好个人与集体、个人与群众的利益关系；模范带头，在社会主义新农村建设中作出表率，带领村民共同努力；联系群众，与村民有深厚的感情，听取村民的意见和建议，全心全意地为村民服务。

通过以上这四个方面的建设，把党在新时期农村基层的建设落到了实处，发挥了执政党的应有作用。从这里可以看到这样几个特点：

第一，大梨树村党委把党的建设与社会主义新农村建设紧密地结合在一起，在实践活动中加强党的建设，通过实践活动来落实党的建设，用党的建设来推进新农村发展建设的实践活动，用新农村发展建设的成就来验证党的建设。

第二，党在农村基层的领导作用不是空洞的政治说教，不是制造政治压力，不是形式主义地装模作样，大梨树村党委的领导是通过为村民服务和党员的模范带头作用来体现和实现的。这样既宣传贯彻了党的主张和部署，又密切地联系了群众，提高了党的威望。

第三，大梨树村把党的基层组织建设同党员个体素质的提高统一起来，把党的执政能力建设与共产党员的先进性建设统一起来，发挥综合作用。这种整体与局部的和谐统一，是发挥党的执政作用的重要途径。

第四，领导班子“一把手”的作用非常重要，发挥榜样的力量，是一把手带好班子带好队伍的关键。毛丰美自担任大梨树村的主要领导以来，处处以身作则，率先垂范，享有很高的威望。领导班子成员和全村党员都自觉地以毛丰美为榜样，努力完善自己，努力发挥应有的先锋模范作用。现任党委书记毛正新正在传承老书记毛丰美的优良作风。

由于大梨树村30多年来始终不懈地坚持党的建设，使得党的组织无处不在，充分地发挥了新农村建设的核心和堡垒作用，党员无处不在，在新农村建设的实践中充分发挥了带头表率作用，因而党的影响无处不在，引导大梨树村在社会主义新农村建设中取得一个又一个新的成就。

大梨树村党的建设成就完全体现在大梨树村的社会主义新农村建设成就中，大梨树新农村的建设成就证明了大梨树村党委是坚强的领导集体和战斗堡垒，大梨树村的党员是社会主义新农村建设的先锋队，中国共产党是领导社会主义新农村建设事业的核心力量。

第四章　启　示

纵观大梨树村的发展建设成就和实践经验，可以引发很多思考，大梨树村自身也有很多体会。这些体会有些是旧话重提，只不过需要重新认识。有些是在新的情况下的新认识，是进行社会主义新农村建设在认识上的新发展。

第一节
不可忽视人的主观能动作用的调动和发挥，“干”字精神是大梨树人的独特创造

关于人的主观能动作用，辩证唯物主义有明确的阐述。但是，在过去一个时期里，这种主观能动作用被人为地无限夸大了，以至于脱离了物质条件的可能，出现了“人有多大胆，地有多大产”、“宁要社会主义的草，不要资本主义的苗”这样的奇谈怪论。在改革开放以后，又出现了另一个极端，“一切向钱看”、“以贫富论成败”，完全背离了社会主义核心价值观。我国的社会主义建设必须突破这些错误观念的束缚，弘扬集体主义为核心的社会主义价值观，充分调动起人民群众社会主义建设的积极性、创造性，充分发挥劳动者的主观能动精神。

大梨树村的“苦干实干巧干，干出一片新天地”的“干”字精神正是在这样的历史条件下产生的。

一、大梨树“干”字精神的实质

大梨树的“干”字精神，是大梨树村村民在毛丰美的带领下，在改革开放的新时期，解放思想，坚持开创发展，在艰苦奋斗的实践中产生

的。它是大梨树人在改造客观世界的同时，对主观世界的丰富和发展，是在物质成果基础上产生的精神文化成果。

大梨树村的“干”字精神，并不是简单的一个口号，它体现了作为生产力第一要素的人的社会地位以及劳动者与另两个生产力要素——劳动对象、生产工具的关系。在计划经济时期，生产者并没有生产力第一要素的地位，因而也无从发挥第一生产力要素的作用。生产者被简单地作为劳动工具一样安排在生产活动中，人的积极性和创造性并不能被充分地调动起来。进入市场经济后，生产者由被动变为主动，人的主观能动作用凸显出来。在生产力三要素中，生产者的作用成为关键的、主要的、重要的因素。但是，在生产活动中，作为生产力第一要素的劳动者需要在思想行为上予以引导和规范，不能随心所欲。“干”字精神的产生正是这种变化的体现。发挥了“干”字精神，生产者便成为生产活动中的决定因素、主导力量。生产者主观能动作用的发挥，对于物质，对于客观世界在一定的条件下是可以起到决定作用的。一样的山，发挥了“干”字精神的大梨树人便建成了花果山；而当时多数地区依然被穷山恶水所制约，依然贫困。这就是人的因素发挥了决定性的作用。

“干”字精神是大梨树人的世界观和方法论。干，是大梨树人对待各种问题的态度；干，是解决各种问题的方法。干，可以理解为艰苦的实践、主动的实践、创造性的实践、科学的实践，这就是苦干、实干、巧干，而不是盲目的蛮干。“干出一片新天地”则是“苦干实干巧干”的最终目标。

“干”字精神已经成为大梨树人一种朴素诚实的信仰。“干”字精神不仅体现在集体的生产经营活动中，也体现在村民家庭经济的发展中。“干”字精神在生产经营活动中、在社会生活中、在文化生活中，都发挥着它独特的精神作用，滋养了一代人，并将成为大梨树村的传统精神。

“干”字精神是大梨树人的文化财富。它源于中国传统农民勤劳朴实的优良传统，同时也接受了改革开放的创造精神。“干”字精神是传统文化与现代精神相结合的产物，是中国农民优良传统品格在现代社会的延续、承接和发展，是社会主义核心价值观在社会主义建设新时期的体现，是发挥社会主义建设正能量的体现。

“苦干实干巧干，干出一片新天地”的“干”字精神所展示的内涵是：“干出一片新天地”，即建设社会主义新农村，是大梨树人的奋斗目标。“苦干实干巧干”，即勤劳坚毅加上科学态度，是“干出一片新天地”的途径。

二、“干”字精神的重要启示

对于“苦干实干巧干”，应在新的历史条件下，新的文化意义上来解读。这就是：

苦干——奋斗精神，传承中华民族的文化传统。苦干是一切发展建设的基础和出发点。在社会主义建设新时期，必须摒弃投机行为，倡导艰苦奋斗的精神。

实干——发展意识，实现社会主义建设的基本途径。实干是认认真真地实践，是一切发展建设的必然方式和过程。在市场经济的条件下，必须克服浮躁心理，把每一项工作都落到实处。

巧干——科学态度，建立现代的思想文化观念。巧干是遵从客观规律，是一切发展建设的基本常态行为。在全面实现现代化的历史条件下，必须克服盲目心理和蛮干行为，依据科学规律，依据法律法规行事。

“干”字精神的启示主要是：在社会主义建设新时期，依然需要重视、调动与发挥人的主观能动作用。在艰苦创业阶段需要“干”字精神，在取得了辉煌的成就后依然需要“干”字精神。而且，社会主义新农村建设的全过程都需要“干”字精神。忽视人的主观能动作用，必然导致社会价值观的颠倒，限制人的主观能动作用的发挥。当然，“干”字精神也需要与时俱进，在内容上，在实施的方式上，需要依据客观条件而有所变化。尤其在发挥主观能动性的同时，注意科学性，注意按客观规律办事，注意实事求是。

物质与精神的关系是唯物辩证法的老课题。存在决定意识，物质决定精神，精神在一定条件下可以反作用于物质。但在认识上还有一些分寸难以把握，因此造成在实践中出现或者过分强调反作用，或者忽视反作用的认识。在我党历史上出现过分强调反作用的偏差，基本出于政治因素。而在改革开放的条件下出现的过于强调物质决定作用的偏差，则是利益关系在起作用，或者说是人的私有观念在起作用。无论哪种偏差，如果在政治上予以引导，在文化上施加影响，则可以避免。大梨树村“干”字精神的倡导，就是大梨树人自发、自觉的行为。大梨树村能够在那样艰苦的时刻产生“干”字精神，一是大梨树人朴素的传统文化在起作用。二是党的基层组织在村民改变自己命运的奋斗中，发挥了执政党的领导作用。三是党组织的领头人和党员发挥了骨干带头作用。四是党组织调动了广大村民改变自己贫穷落后面貌的决心和勇气，把村民调动组织起来了，“干”字精神成为凝聚大梨树人艰苦奋斗、改革创新、科学发展的精神力量。

在大梨树村“干”字精神产生和弘扬过程中，还提出了一个重要的认识问题。在改革开放初期，人们在发家致富的过程中，强调的是个性的发挥，因而出现了一些过于突出个人利益的问题，产生了一些负面的社会影响。大梨树村在毛丰美的带领下，在家庭经济的基础上，大力发展集体经济，强化集体经济的引领、主导、骨干作用，形成了一种统筹个性的共性力量。尤其“干”字精神的形成，成为强大的共性精神、文化力量，把家庭经济的个性包容在集体经济的共性之中，成为个性与共性协调统一的物质和精神局面。在社会主义新农村建设中，家庭经济所形成的个性，居于物质层面的内容高于精神层面。而在集体经济基础上形成的共性，由于“干”字精神的形成和倡导，精神层面的内容与物质层面的内容相辅相成，协调发展，成为良性发展的局面。在一个地区，共性的精神文化是基本的发展目标。这种共性的精神文化一方面是在物质建设的基础之上形成的，这就是大梨树村的集体经济发展。另一方面是在普遍的个性基础之上，经过引导而形成的，同时反过来引领和指导个性的发展。这就是大梨树村家庭经济基础之上发展的个性，与集体经济基础之上发展起来的共性，相互作用的结果。大梨树村在改革开放的初期提出了“干”字精神，把全体村民凝聚在“干”字精神的大旗下，思想一致，步调一致，因而产生了巨大的精神物质力量，这是大梨树村的创造，也是大梨树村的重大贡献。

大梨树村“干”字精神的产生和弘扬，说明在发展建设活动中，需要科学地把握客观条件，科学地把握主观能力，克服盲目性和片面性，防止“左”或右的错误，倡导人民群众主观能动作用的调动和发挥，把人民群众的注意力和精力集中在社会主义建设上来，进一步弘扬社会主义核心价值观，构建科学、民主、和谐的社会。

三、“干”字精神永远不会过时

当前，人们会有一种偏颇的认识：人要实现现代化了，何必还讲什么“干”字精神，讲什么主观能动性，讲什么传统，这是老掉牙的话题，过于老套了。这里有一个对现代化的理解问题。现代化本质含义是人的进步要跟上工业化带来的社会变革，在社会经济基础发展提高的同时，作为上层建筑重要组成的文化思想观念、行为方式也要提高进步。工业化社会的经济基础是在原来的农业经济基础之上发展提高的，那么其上层建筑也是在原来的上层建筑的基础上相应变革的。现代化不是对传统的一概否定和取代，更不是脱离传统建造的空中楼阁。中国特色这一定性再确切不过地标明了中国特色就是中国的传统，中国的传统是最大的国情。只讲现代化而不讲传统，就是不从实际出发，就是不实事求是，就是不与时俱进。中国的文化传统在当代经历了两次颠覆性的践踏。一次是十年浩劫期间，否定一切打倒一切，中国的历史文化传统首当其冲受到破坏。一次是发展市场经济初期，重利轻义，一切向钱看，能挣钱的是好汉，甘于奉献的是傻蛋，严重地干扰了中国的文化传统，破坏了社会主义核心价值观。现代化的基础是优秀的历史文化传统。对传统并不是一味传承，而是在传统的精华中融入现代的内容，使传统精神和文化在时代的前进中得到提升和发展。一概否定传统，一味崇尚所谓的现代精神，实现不了现代化。只有在传统的基础上，学习接受现代的东西，发扬光大传统，形成具有现代精神，又发展了传统，才是中国特色的现代化。传统的缺失是现在某些年轻人面临的“危机”，应该予以关注。

在社会上可能有一种论调：苦干实干巧干的时代已经过去了，那是过去“左”的路线的遗风，是唱高调，喊口号。现在是改革开放的时代了，一切都讲实际，一切都讲实惠，不能讲什么空洞的精神了。持这种观点的人缺乏最基本的认识，那就是精神对于一个人创造力发挥的重要作用，精神对于物质强大的反作用。人的生存和发展不仅物质在起作用，而且精神还起着不可替代的作用。缺乏精神支撑的人等于没有灵魂，只能机械地吃喝拉撒睡，只能机械地活着，没有任何主观的意志，没有任何主观的能力。何况大梨树村的奋斗历程已经明确无误地证实了“干”字精神的巨大精神能量和强大物质效应。大梨树的“干”字精神永不过时，永远鼓舞激励着世世代代的大梨树人。

在现代化建设的历史条件下，发挥人的主观能动作用，还有一个人的发展权利的保障和实现的问题。人的主观能动性源于人的发展权利，改变命运、求得发展是人的基本权利。倡导人的主观能动作用的发挥，就是对人的发展权利的保障和实现。发展权利的保障，就是不能剥夺人在发展上的要求。发展权利的实现，就是需要为人的发展提供一定的社会支持，这包括物质的和精神的条件。大梨树村倡导“干”字精神顺应了村民发展的意愿，这是对村民基本权利的尊重，并为这个权利的实现提供了必要的条件，因此“干”字精神在改造自然、改造社会的奋斗中发挥了极大的物质和精神的力量。

第二节
带头人的作用不可替代，毛丰美是大梨树人的英雄代表

原来贫困落后的大梨树村能够发展建设成社会主义新农村的典范，一个很重要的原因是有一个非常优秀的带头人，他就是毛丰美。

毛丰美在担任大梨树村的主要领导之前是村里的赤脚兽医。在那个年代，作为赤脚兽医的他已经是个不平凡的人。他的劁猪技术十分过人，曾有抓猪的赶不上劁猪的这一美誉，说的是他劁猪的速度快，两个小伙子抓猪供不上他一个人劁猪。他用中草药做针剂治疗猪病，因此曾获得过辽宁省科技标兵的称号。由于他突出的工作成绩，被当时的凤城县委破例提拔为县农牧局的副局长，但他竟然谢绝了，没上任。改革开放初期，他曾靠种树苗收入了6万元。这在当时万元户很稀罕的年代已经是很出众的了。不仅如此，他的日常生活也很不一般。在广大农民还是十分贫困的时候，他在家中搞了土自来水，在室内修了水冲厕所，修了浴池。这在洗澡需要到凤城街里的年代，是很难得的。从这里可以看出，毛丰美在担任村干部前就是一个很不普通的农民，思想很解放，魄力很足，能力也很强，是村民中的佼佼者。

自1980年起，他先后担任大梨树村的大队长、村党支部书记兼村

委会主任、村党委书记兼村委会主任、村党委书记兼村实业总公司董事长等职务。身患重病后他辞去党委书记和董事长职务，只任村党委副书记，发挥指导监督作用，直至2014年9月26日去世。

一、毛丰美是农村基层干部的光辉代表

在为大梨树村工作的35年间，他做了大量的工作。

毛丰美是大梨树村艰苦创业的带头人。他带领村民挺进凤城创业，为大梨树村的发展建设积累了大量资金和人才培训；他带领群众苦干10年改造荒山10600亩，改善了大梨树村的自然环境，改变了大梨树村的产业结构；他带领大梨树人发展经济，使全村民众脱贫致富，进入了小康的生活；他带领村民坚持改革开放、科学发展，实现了农业产业化、农村城镇化、农民知识技能化，把大梨树建成了社会主义新农村的典范。大梨树村的群山上有毛丰美的汗水，大梨树村的各个角落都有毛丰美的脚印，他把自己的一切都献给了大梨树村和大梨树人。

毛丰美是农民群众的贴心人。毛丰美与民众有深厚的感情。有一次我与毛丰美坐车去花果山路过村里一处，他突然掏出手机给一个村民组长打电话，说某某住的房子太简陋了，冬天快到了，你想办法给他租一个房子，房租由村里出。如果租不着就让他搬到我家的空房子里，我不要租金。我很奇怪。毛丰美说，某某的老婆得了癌症，正在丹东住院。他家住在自己办的饲养场里怎么行？毛丰美心里装着全村民众，每家每户都在他心中。他经常自掏腰包资助困难的村民。他曾用自己的车送村民去丹东看病。每当村民遇到困难时，毛丰美常常不约而至地来到村民面前，伸出援助的手。毛丰美雇用一个帮手为他经管五味子园地，秋后毛丰美不但给了他应得的工资，还把五味子的收入分给他一大笔，这令他十分感动。毛丰美说：挣钱了，这也是你应得的。有一对远在盘锦的

夫妻来大梨树村向毛丰美讨教。毛丰美热情地留他们住在自己家里，领他们在村里考察，学习致富经验，并出了一些主意。后来这对夫妻很快脱贫致富了。我亲眼看到毛丰美热情地接待一个外村的老太太，答应外村老太太请他帮助他们村修路的请求。毛丰美与民众这种亲切关系显示了他特殊的人格，这在一般村干部身上是很难得的。

毛丰美是中国农民的代言人。毛丰美自1993年起，连续五届被选为全国人大代表。毛丰美没有把人大代表看作是荣誉，而是看作重大的责任。他在人大会议上以全国广大农民代表的身份，提出了许多有关农民切身利益的提案和建议。其中有城乡电力供应同网同价的建议，得到采纳，解决了农村用电费用过高的问题。他还大胆地提出取消农业特产税和农业税的建议，向自古就存在的皇粮国税开刀。关于农业特产税的建议他坚持提了5年，时跨两届人大。他在全国人大会议上慷慨陈词，替辽北地区的农民控告吉林南部地区一个化工厂污染水源的问题，使得长期无人理睬、得不到解决的、有关当地农民生活生产用水的问题得到了彻底解决。他的提案和建议最显著的特点是站在全国农民的立场上，代表最基层的民众，提出最切身的问题，而且这些提案和建议都具有很鲜明的改革精神。

毛丰美是一个廉洁清正的农村基层干部。毛丰美长期担任基层的领导职务，始终都严格地要求自己，要求亲人遵纪守法，廉洁自律。他的两个女儿一个儿子结婚都没有操办，没有收一份礼金。儿子结婚他只在城里为亲家办了招待酒席。为了不让村里人知道，他没坐村里的车赴宴，打出租车进的城。他的母亲和父亲先后去世也谢绝了所有村民们的礼金。毛丰美从来不接受宴请招待，他也不宴请招待别人。他的同学来大梨树村看望他，他自己掏腰包在村里开办的饭店招待。他的一个弟弟违反了村里的规定，他立即按村规民约作出了处罚。他的弟弟不理解，到他办公室里去闹，他依然不为所动。他的老伴坐他的车去沈阳看病，他还向村里交了200元车费。他在凤城建凤泽大市场的时候，动迁户无理取闹，诬告他贪污受贿。省纪委派专人来大梨树村审查，结果发现毛丰美是一个难得的廉洁无私的基层村干部，因而大加表扬。

毛丰美是一个恪尽职守、一心一意为村民服务的人民勤务员。毛丰美从30多岁起担任大梨树村的主要领导。在他近35年的奋斗历程中，经历了大梨树村的艰苦创业、改革开放、科学发展阶段。这期间，他兢兢业业，刻苦勤奋，没日没夜地劳累，从不把自己放在心上，因此多种疾病缠身。尽管如此，他也不肯休息。我曾经多次遇见他在办公室里一边打点滴，一边坚持工作的情况。他的孩子说：他除了工作就不知道干什么了。他天亮就工作，睡觉才是休息。即使不在办公室，他也要在村里四处走走，要么在工地，要么在田里，要么在街上看看这，看看那，心里还思考着村里的事情。他患有心脏病，严重的糖尿病，最后又患上了结肠癌。手术后没等完全康复便急急忙忙地赶回村里，继续工作。后来癌症转移到肝脏，再也维持不下去了，不幸去世，年仅65岁。去世前几天，他还在花果山上同果树农场的员工讨论，果树老了，嫁接换头比重新栽植见效快。毛丰美的确是鞠躬尽瘁了。毛丰美这样强的事业心，主要源于他对党的事业的忠诚，源于他对民众的深厚感情，源于他超人的毅力。毛丰美的的确确践行着大梨树的“干”字精神。大胆地开创、忘我地努力、刻苦地钻研、踏实地工作，贯穿着毛丰美勤奋的一生。

二、毛丰美是中国农民在历史性的转变中的优秀代表

纵观毛丰美不平凡的一生，他在大梨树村的发展建设中，起到了科学谋划、以身作则带头干、发展建设的主心骨，领导班子和大梨树村群

众团结的核心，中国农民的榜样的光辉作用。可以毫不夸张地说，他是思想解放的先锋，他是苦干实干巧干的带头人，他是实心实意为民众服务的勤务员，他是严于律己、洁身自好的公仆，是中国农民的代言人。毛丰美是当代英雄，他把自己的人生价值发挥到极致。

毛丰美身上有一个最突出、最重要的特点，那就是在新的历史条件下一般人难以具有的政治觉悟。毛丰美作为一个生活工作在农村基层的农民，他充分认识到一个农民所拥有的政治权利和相应的政治责任，并为保障这个权利和正常行使这个权利而努力。毛丰美在全国人代会上慷慨激昂地仗义执言，为全国农民争得了必要的权益；毛丰美与国务院总理平等地研究问题，并勇于提出问题，最后得到认可；毛丰美奔走于民间，到处考察，到处听取民众的呼声，并带到全国人代会上去解决，这都是政治觉悟的表现，政治权利与政治责任在他身上完全统一起来，这是十分难得的。

中国当代农民正在社会主义建设新时期的历史条件下，从传统农民逐渐转变为现代农民。毛丰美是这转变过程中的中国当代农民的光辉代表。

三、新的历史条件下的英雄史观

通过毛丰美这一英雄式的人物，我是这样理解唯物主义英雄史观的：

一、英雄出自群众，英雄出自群众改变命运的斗争实践，英雄出自时代赋予的机遇，英雄的产生有其必然性和偶然性；

二、在改变命运的斗争中，英雄与群众各有不可替代的作用，不可厚此薄彼；

三、英雄是具有特殊人格的人，具有特殊的主观条件；

四、群众必须由英雄引领，英雄必须以群众为基础，否则都将无所作为；

五、英雄可能是个人，也可能是群体，群体的英雄一定有一个代表性的人物；

六、社会的各个阶层都可能出现英雄人物，在不同的范围内发挥英雄的作用，上至国家、民族，下至大梨树这样最基层的农村；

七、英雄人物需要发现和培养，这是各级领导机关历史性的任务，发现、培养、树立榜样是很重要的工作方法；

八、英雄有伟大的一面，也有平凡的一面，也可能犯错误，不是完美的人，无须挑剔，也不必遮掩，应当实事求是的对待。

在社会主义新农村建设的实践中，我国农村涌现了一大批带领农民致富发展经济的代表性人物，他们就是当代农民英雄。全国闻名的华西村的吴银宝、沈泉庄的王廷江、大寨的郭凤莲、辽宁省葫芦岛市四家村的张文成，都是其中的代表。他们的产生是一个很特殊的历史文化现象。固然世界历史中不乏影响广泛的英雄人物，但中国尤其需要这样的英雄人物带领民众为自己的命运和发展奋斗。中国长期的自然经济和封建专制文化，造就了民众觉悟迟钝、缺乏开创精神的弱点，往往需要“大救星”的开导和引领，才能发挥出奋斗精神和创造作用，因此，英雄人物在中国的发展过程中不可缺少，英雄的作用也因此而显得更加突出。中国传统农民的愚昧是悲哀的，但在这些传统农民中间能够产生像毛丰美这样在不同时期、不同范围里，带领民众改变恶劣命运的英雄人物，则是必然的，这绝不是简单的幸运。这是中国特殊的历史文化背景和传统所决定的。

当前，英雄在一些年轻人的眼里已经淡化模糊了。政治明星、文化娱乐偶像、富豪是他们最崇拜最拥戴的对象。政治明星是指那些吸引他们眼球的官员。吸引的原因不仅在于他们优良的业绩，而在于他们因个人的原因而受到的处分和舆论谴责，是负面崇拜，病态崇拜。对文娱偶像的崇拜则出于对他们的惊人事项的艳羡，至于这些惊人的事项属于什么性质，对于社会的影响如何，则不在意。对土豪的崇拜则是一些人对他们挥金如土的生活方式的艳羡和追求。这都源于社会价值观的颠倒，是消极心理的表现。这些年轻人对于为社会作出重大贡献的英雄人物，则不甚感兴趣。他们对这些正面的宣示似乎有某种抵触情绪。这是在社会主义核心价值观认识上的偏差，需要通过大力宣传英雄人物，尤其现实的英雄人物，来弘扬社会的正能量，抵消负面的影响，中和一些消极的东西。

第三节
过去、现在、将来永远需要解放思想，解放思想的核心是实事求是

思想解放这个口号已经喊了快40年了，而且，这口号的确发挥了巨大的效应，逐渐探索出我国发展建设的正确道路，带来了我国快速实在的发展。大梨树村的发展进步雄辩地证明了思想解放的巨大能量。大梨树村在改革开放初期，勇敢地突破传统思想的束缚，挣脱传统的发展模式，大胆地开创出前所未有的发展途径，做前人没有做过的事情，做前人不敢做的事情，挺进城市创业，开进荒山造田，没旅游过的乡村农民办起了全省规模最大、内容最丰富、服务最周全的生态旅游业，种田的农民办起了工厂，把山沟里的村庄建成了城镇。这些开创性的成果是思想解放的生动例证。可以这样说，在大梨树村艰苦创业，改革开放，科学发展的各个阶段中，处处体现了解放思想的强大作用，处处是解放思想的辉煌成果。大梨树村将来的发展建设依然需要解放思想。

大梨树村的成功让我们对解放思想这一马克思主义思想路线有了进一步的理解。

一、解放思想必须有实际行动，必须体现在实践中

实践是检验真理的标准，实践—认识—再实践——再认识是认识论的基本规律，实践的成果是检验思想解放的标尺。思想解放没解放，探索的方向正确与否，探索的途径手段正确与否，都需要实践的成果来证明。解放思想不是说在嘴上，而是落实在行动上的；解放思想不是一句口号，而是一次行动；解放思想不是目的，它是推动事物发展进步的手段和途径。解放思想必须落实在实践上，指导实践，避免空谈，避免形式主义。坚定的否定，艰苦的探索，成功的实践，这是解放思想的程序和完整的过程。

大梨树村从改变贫穷落后的面貌出发，基于过去的经验和教训，也得益于改革开放时代大潮的呼唤，坚定地否定了过去的努力，开始了勇敢的探索，迈出了改变自己命运的第一步。毛丰美带人到黑龙江长途贩运土豆和小米就是顶着巨大的压力进行的。纸上谈兵不是解放思想，只能算是空想。改变命运不能停留在愿望上，而是在愿望的支配下付诸行动。大梨树村经过长期的努力，终于探索出行之有效的大梨树道路，建成了社会主义新农村。大梨树村最可贵的是勇于行动。他们说干就干，不停留在空谈上。在新的探索面前毫不犹豫，毫不动摇，这是“干”字精神在发展建设中起了重要的作用。“干”字精神的核心就是一切看行动。

二、解放思想必须实事求是，或者说解放思想的最终目标是实事求是

毛泽东思想、邓小平理论、“三个代表”重要思想、科学发展观的核心都是实事求是。思想解放不是蛮干，不是感情用事，不是主观愿望。思想解放是突破旧的条条框框的束缚，求得实事求是。实事求是是

解放思想的核心。解放思想必须按客观规律办事。没有实事求是的思想解放是盲动，是蛮干，是主观与客观相脱节，算不上思想解放；没有思想解放的实事求是是故步自封，不可能是真正的实事求是。解放思想需要审慎思考，关注有关事务之间的联系；利用各事务之间的联系，求得最佳的成果。在利与弊的衡量中，从长远发展出发，寻求出主要矛盾或主要的矛盾方面加以解决。实事求是与解放思想相比也许更为复杂，这里有认识能力的问题，也有实践验证的问题，在现象中发现本质，用本质的认识来提升思想水准。

大梨树村在最初挺进城市的时候，不能说一点盲目性也没有，但在实践的过程中，逐渐发现了在城市创业的正确途径，因而在建设了龙凤宾馆后，又大胆地建设了凤泽大市场和龙泽农贸中心，创业的脚步越来越大，成效越来越显著。这说明在解放思想中求得实事求是是一个过程。在这个过程中，有成功也会有失败。在凤城创业，大梨树村取得了成功，但在村办企业的活动中，却没有取得完全的成功，甚至遭受了挫折和失败。这验证了在挺进凤城创业的活动中，大梨树村做到了实事求是。而在村办企业的实践活动中，由于没有把情况完全弄清楚，由于没有充分地估量办企业的能力，由于没有把握住机会，缺乏客观依据，违背了客观规律，所以没能完全成功。

三、解放思想必须贯穿发展建设的始终，不能毕其功于一役

与时俱进表明思想解放不是一次性的，不断地解放思想，不断地实事求是才是真正的思想解放和实事求是。解放思想是一切发展建设的常态行为。可以这样说，解放思想是一种精神状态，是努力向前发展，勇于探索的精神动力。在整个社会主义建设时期，因为不断地面对新情况，不断地创造新事物，所以思想解放将永远起作用。社会主义新农村

建设就是不断解放思想，不断实事求是，因而不断与时俱进的过程。社会主义新农村建设是新时期的新事物，需要这种不断探索、不断创造、不断奋斗的精神。在探索和发展的道路上，有成功也会有失败，这都是前进的动力。事物就是在曲折中前进的。失败在某种意义上也是经验。负面的经验也许比正面的经验更为重要，更能启发人们的思维，提升人们的认识水平。

既然社会主义新农村建设是一个连续的过程，所以大梨树村一直处于不断探索、不断创造、不断努力的过程中。用不间断的探索和创造来开拓发展的道路。他们没有停留在已经取得的成绩上沾沾自喜，而是继续努力前进，把目光盯住发展的远方。在大梨树村这30多年的发展建设中，始终没有停止探索前进的脚步，只不过有时快些，有时慢些，这是必然的。

大梨树村的今天是不断解放思想，不断奋斗的结果。

四、解放思想必须体现出领导者的思想能力和精神魄力

对于领导者来讲，解放思想尤为重要，这决定了一个地区或一个单位的发展。解放思想其实是一个领导者的基本职责。在解放思想的过程中，领导者的思想素质和精神状态将得到充分的展示。解放思想需要排除个人利益的干扰，克服形式主义，克服唯上思想，克服畏难情绪，拿出为人民群众负责的精神来。为上级领导机关负责与为人民群众负责的一致性，是领导干部履行职责的重要原则。好多领导干部在工作中出现偏差，大多出在这个问题上。领导者的思想能力决定了思想解放的成败，而领导者的精神魄力是人民群众解放思想的范例和动员，这是当前领导干部发挥领导核心和模范带头作用的重要方面。

大梨树村的领导班子很注重模范带头作用的发挥。党委书记毛丰美

就是非常好的榜样。正是毛丰美具有比较新的思想观念，比较新的思想方法，才带领大梨树人开辟了大梨树村的发展道路，创造了前所未有的辉煌业绩。毛丰美头脑很灵活，接受新事物很快，胆量也比较大，敢于尝试，乐于尝试，善于总结。大梨树村的新发展基本都在他的主导之下，大部分都成功了，不成功的是少数。大梨树村在科学发展阶段的努力，更证明了他们实事求是的科学态度。在五味子得到空前发展的时候，五味子市场发生了重大变化，大梨树村当机立断调整了产业结构，大幅度缩减了五味子的生产，转向发展别的产业，在总体上不但没有减少收入，而且开辟了新的发展途径。

解放思想、实事求是、与时俱进，是对马克思主义思想路线的完整阐述。这是一种精神状态和思维能力，更是一种思维规律，本质上是一种世界观和方法论。解放思想是打破旧的思想观念的束缚，勇于开拓创新，这是否定之否定规律的体现；实事求是是严格地按照客观规律实践，克服盲目性和片面性；与时俱进就是随着事物的发展，不断地解放思想，达到新的实事求是。这里的核心是实事求是，解放思想是实事求是的前提，与时俱进是实事求是的发展。实事求是的马克思主义思想路线是我们认识和处理一切问题的思想基础。我们以实事求是的态度来认识客观世界，同时以实事求是的方式来处理一切问题，这就是在实践马克思主义的思想路线。

在社会主义建设新时期建设新农村，必须始终践行马克思主义的思想路线。尤其在改革开放全面深入的阶段，更应该对情况进行深入的掌握，有针对性地探索思想认识的新发展，通过解放思想来达到实事求是，进而与时俱进。社会主义新农村的建设在发展，肯定会遇到新的情况和问题。特别是建设的具体标准会有变化，建设的途径和方式也会有发展，这都需要在马克思主义思想路线的指导下得到与时俱进的解决。

第四节 群众路线是新农村发展建设的基本途径

群众路线是我党贯彻自己的主张，把党的主张变为人民群众的自觉行动，同时也是为人民群众服务的基本途径。它的运行方式是同群众保持密切联系，听取群众的意愿要求，形成党的主张，通过启发群众的觉悟和创造性，发动群众自觉地改变自己的命运，实现党的主张。

群众路线由各级领导干部和广大党员践行。群众是改变自己命运的主体，领导干部只是群众改变自己命运的客观条件。在群众改变自己命运的实践中，领导干部和群众形成了一个相互作用的矛盾统一体。领导机关和干部的决策是在群众的需求和意愿的基础上产生的，而成果是广大群众在领导机关和领导干部的引导下具体完成的。他们的相互作用就是党的群众路线，体现着矛盾的同一性，引导着群众改变命运的实践活动。

在某种意义上说，我党执政的过程就是践行群众路线的过程，没有群众便没有执政的对象，也没有执政的内容。走群众路线是我党同人民群众建立密切联系的途径，是为人民服务的一种方式，是以人为本的一种体现。

社会主义建设新时期党的群众路线与新中国成立前的群众路线和社会主义建设初期的群众路线并不完全相同，需要在新的条件下予以发展，需要从新的角度来解读。

首先，群众的需求不同。过去，群众求解放，后来求脱贫温饱。现在求富裕，求发展。尤其在新时期，群众在求富裕的同时，对发展的需求更高。而且这种发展是在公民基本权利得到充分保障的条件下的发展。

其次，工作方式不同。过去基本是简单的宣传鼓动，在“左”的时期，依靠强大的政治压力来制服，依靠计划经济的硬性手段来制约，我党掌握了绝对的主动权。而现在需要细致的思想教育工作，需要实实在在的服务活动。市场经济对人们的社会生活和思想观念具有强大的影响，工作的复杂程度大大提高了。工作的手段也随着科学技术的进步而更加丰富，更加有吸引力，更加有效了。党的各级领导干部必须在掌握新的手段上不断提高。

另外，与群众关系的内容不同。战争年代是生死与共，命运紧紧地联系在一起，彼此互相依存。现在，在有些干部和群众眼里，干群关系是管理与被管理的关系，由水乳交融的息息相关变成了对立的关系，紧迫感削弱了，矛盾增加了，干群关系不如战争年代那么紧密了。

在社会主义建设新时期，我们执行群众路线必须认真考虑上述变化，从实际出发，建立新的干群关系，践行新的群众路线的内容，求得新的群众路线的成果。

群众路线在大梨树村改变贫穷落后面貌的斗争中，发挥了重要的作用。大梨树村的党组织和领导干部堪称走群众路线的模范，尤其他们的带头人毛丰美。从大梨树村党委和领导干部践行党的群众路线的实践中，可以得出这样几点启示：

一、掌握民意，作出决策

大梨树村所有的脱贫致富、艰苦创业、改革发展的实践活动，都是村领导根据村民们的意愿进行策划的。听取村民意愿的方式并不是一个一个地去询问，而是在日常生活中，在与村民的经常接触中，感受到、体会到的愿望、意见和打算。村民们的意愿也许并不那么明确，村干部们经过集中、提炼、思索，最后经领导班子讨论决定形成了发展的计划，组织为行动。由于村干部们生活在村民中，同村民们有密切的联系，有深厚的感情，村民们的任何愿望他们都十分清楚，所以决策起来并不困难。他们本身也是村民的一员，他们的意愿与村民没有距离。在最基层的农村，联系群众对于干部们来说并不困难。

二、执行决策，广泛发动

干部们作出决策，需要群众理解、接受，进而付诸行动。村干部在与村民的接触中，广泛地宣传动员，让村民们理解村里的决定，支持村里的决定，投身执行决定的行动中。干部和党员们以身作则，发挥模范带头作用，调动了村民们的积极性，激发出强大的主观能动作用，大梨树村的“干”字精神就是在这种情况下产生的。领导班子的决策在村民们理解的基础上，变成了村民的自觉行动。在这一环节中，村民们对村里决策的理解是最重要的因素。真正的宣传教育不是在大轰大嗡的形式中进行的，而是在干部与群众密切联系的关系中，潜移默化完成的，甚至不留痕迹。这是宣传动员工作的最高境界。在这方面，村领导的威信和他们的模范行动又十分重要。

三、干部带头，引领群众

在群众的积极性调动起来以后，领导干部们不仅要以身作则地带领群众奋斗，更要为群众提供服务，保护群众的积极性，引导群众的积极性。大梨树村把领导和管理寓于为村民的服务之中的做法很得民心。这种服务本质上是保护和引导群众，控制群众实践活动的方向、力度和节律。群众路线不能简单地理解为与群众的密切关系，也不能简单地理解为调动群众的积极性，而是在调动群众积极性的基础上引导群众的积极性，全面掌握群众的实践活动。党的群众路线贯穿了党领导群众实践活动的全过程：决策——动员——掌控，每个环节都需要密切地联系群众，站在群众根本利益的立场上，为广大群众着想，为广大群众服务。

四、严于律己，赢得群众

大梨树村的领导干部有一个特别突出的特点，给我的印象特别深刻，那就是他们对自己的要求特别严格，不仅同村民保持密切的联系，全心全意地为村民服务，而且在社会主义核心价值观受到社会不良风气严重冲击的情况下，始终廉洁自律，洁身自好，勤奋敬业，丝毫不侵犯村民的利益。社会上普遍存在的大吃大喝、吃拿卡要、行贿受贿、贪占等问题在大梨树村根本没有踪迹。这是村干部们能够得到村民信任的基础。这也是村干部们坚持群众路线的一个必然前提。在这方面毛丰美是当之无愧的榜样。我在大梨树村生活了12年，接触了不计其数的村民，但我从没有听到村民对干部们的任何意见，相反，经常听到村民对毛丰美和其他村干部的赞美。我想，这在其他村庄是比较难得的。大梨树村的村干部们享有很高威信，源于他们严格的自我要求，源于他们对村民的热心服务。我发现，在毛丰美和其他村干部们的身上有一种光辉闪烁的人格魅力。人格魅力这一词现在不大有人提起了。但是我认为，加强共产党员和基层干部们的人格魅力建设，十分必要，而且是当务之急。因为社会上的不良风气已经大大地毁坏了党的形象，毁坏了党员干部的声誉。在社会主义建设不断深入的今天，需要这种人格魅力，需要这种人性之美。

大梨树村在建设社会主义新农村的实践中，自发、主动是其显著的特点，体现了人民群众的创造精神。这就是大梨树村党委和领导干部充分走群众路线的成果。在党的路线方针政策的指引下，在基层党组织的主导下，在党的领导干部和党员的带动下，大梨树村民被充分地调动起来，自己改变自己的命运，自己掌握自己的发展，终于取得了实际的发展成效，建成了社会主义新农村的典范。

在社会主义新农村的建设中，群众路线依然是不可动摇的基本途径。各级领导机关，各级领导干部，尤其直接面对广大群众的干部，更应该对践行群众路线的重要性、必要性有充分的认识，认真克服影响群众路线实施的各种不良思想行为。在市场经济负面作用的影响下，一些基层干部丧失了社会主义核心价值观，不是为人民服务，而是为人民币服务；不是为基层群众负责，而是单纯地为上级领导机关和领导个人负责，甚至，有的仅仅为某些大款、土豪服务，与他们勾结在一起，置人民群众的利益于不顾；作风漂浮，不深入群众，不接触实际；自以为是，不调查研究，大搞行政命令；只要权力，不要责任；只想享乐，不愿付出；大搞形式主义，虚夸，等等。这是新形势下的新问题，需要研究出新对策，加强上级领导机关对下级机关的监管，加强人民群众对上级领导机关和领导干部的监督，并且规范化，制度化，把自上而下的监管和自下而上的监督形成常态，切实地把群众路线贯彻到底，把社会主义新农村建设落实在群众性的改变落后面貌的自觉实践中。

社会主义新农村建设不是单纯的行政行为，单纯地依靠行政手段和行政力量建不成社会主义新农村。在新农村建设中坚持启发和调动农民的积极性，自发地、主动地改变农村的面貌，建设社会主义新农村，这是最本质的群众路线。所以，在社会主义新农村建设中，领导机关要注重实效，不搞形式主义；要量力而行，不盲目攀比；要民主协商，不搞强迫命令；要突出特色，不强求一律；要引导扶持，不包办代替。自下而上地，而不是自上而下地把社会主义新农村建设有声有色地搞起来，取得实实在在的成就。

第五节
一切从民众的根本需求和利益出发
就是为人民服务，就是以人为本

我党的宗旨是为人民服务，科学发展观的核心是以人为本，这充分体现了我党执政代表人民，我党的一切路线方针政策和决策都是从人民群众的根本需求和利益出发的。人民群众的根本需求和利益都体现在上至党中央，下至党的基层组织的工作之中。各级领导机关，各级领导干部，只有为民众服务的义务，而没有妨碍民众的权力。执政需要权力，但这权力是全体人民群众意志的体现，而不是哪一部分人或哪个人意志的体现。在某种意义上说，这权力只是服务的工具，只是维护人民群众根本需求和利益的工具。

人民群众的根本需求和利益是什么呢？不外是这么三点：

一是解决生存问题。在农村，生存问题就是农民的温饱问题。在改革开放以前，我国农民的温饱问题的确是个迫在眉睫的大问题，“吃粮靠返销，花钱靠贷款”是那个时期的普遍现象。改革开放以后，经济普遍发展了，农民的生存问题基本解决了。经济建设、发展生产是解决农民生存问题的主要措施。当下，在较普遍的范围内，农民的温饱已经不是什么问题了，除了个别特殊原因的家庭之外。这些因特殊原因而不能脱贫的家庭只能个别地、具体地予以关怀和照顾了。

二是解决发展问题。在生存问题基本解决以后，农民面对的是发展的问题。通过提高农民的素质和能力，进一步发挥农民的积极性，进一步发展生产，进一步改善生活，达到前所未有的富裕程度，即小康生活。这是现阶段我国大部分农民面对的迫切问题。解决农民发展问题的基本措施是在经济建设的同时，大力开展农村的文化建设，提高农民的思想文化水平，掌握更多更科学的技能，增强农民致富的能力，促进农民的现代化。

三是解决权益的保障问题。农民的权益范围很广泛，但最基本的是生产经营活动中的权益。随着市场经济的发展，某些不正常的现象开始抬头，公平竞争原则、诚信原则受到冲击，特别是权力的不正当介入，直接受害者往往是处于社会底层的民众，农民更是首当其冲。所以，保护农民的正当权益被列上了日程。法制建设和政治建设是必要的措施。

这三个问题在不同的时期可能有不同的重点，可能有不同的解决方式，但在内容上必须解决以下几个问题：

一、一切从民众的根本需求和利益出发必须发展经济

无论在什么情况下，发展经济依然是解决这些问题的基础，通过发展经济建设社会的物质基础，这是决定一切的。当前，发展经济的重点是通过深化改革，变革、健全生产关系和生产方式，建立新的经济秩序，使农业和农村其他产业在新的常态下运行。发展经济要充分尊重农民的意愿，要充分调动农民的自主性、积极性和创造性，要充分发挥农民的主体作用。在农民的生产经营活动中，发挥各级党组织和行政管理部门的服务作用，像大梨树村那样，把党委的领导和村委会的管理寓于为村民的服务之中，在服务中体现领导和管理。

二、一切从民众的需求和利益出发必须加强农村的文化建设

当前农村的文化建设，一方面要继续加强知识性、技能性和娱乐性的教育活动外，还要逐步深入农民的思想观念层面，形成新的理念、新的思维方式、新的生活习惯，提高农民的思想文化素质和发展生产的技能。在此基础上，逐步形成有地方特色的新农村文化，就像大梨树村那样，建设以“干”字精神为核心的大梨树文化。

三、一切从民众的根本需求和利益出发必须加强法治建设

过去，群众性的法制教育重点在守法教育，这是必要的，但仅仅这样并不够，必须在此基础上把重点转移到用法教育上，用法律同违法现象作斗争，用法律保护自己的正当权益。树立牢固的法治观念，健全适用的法治规章制度，形成成熟的法治秩序，用法律规范社会的运行，这是当前法制建设的重要内容。大梨树村正向这个方向努力。

四、一切从民众的根本需求和利益出发必须建立必要的领导工作制度规范与领导干部个人自觉相结合的制约机制

一切为民众既需要提高领导干部认识，自觉行动，也需要建立必要的规章制度，规范和监督领导干部的作为。单靠哪一个方面都是片面被动的，只有两者结合起来，互相作用才有保证。在当前，既要解决某些领导干部违法违纪的问题，也要解决某些干部不作为、懒于勤政的行为，加强考核和评判活动。

五、一切从民众的根本需求和利益出发必须把工作落在实处

我们的一切工作不能只停留在口头上和文件上，要有实际的行动，

要有实际的成果，要有民众积极的反响，要有能听得到看得见，长期存在的实际成效。对此，还需要严格的制度规范和监督。只有这样才是为人民服务，才是以人为本。

大梨树村以毛丰美为代表的基层干部用自己多年的行动，践行着为人民服务的宗旨，践行着以人为本的科学发展观，一切从村民的根本需求和利益出发，带领全村民众既轰轰烈烈又踏踏实实地建设社会主义新农村，取得了举世瞩目的辉煌成就，真正彻底地造福于民。

总之，一切从民众的根本需求和利益出发，要体现在我党执政的各个方面，要体现在我党执政的整个过程中，成为我党执政的基本内容和基本方式。只有这样，才是彻底的全心全意为人民服务，才是真正落在实处的以人为本，这是我党的根本性质所决定的。

第六节
站在新的历史角度来认识和实践党的建设

在社会主义建设新时期的今天，依然需要强化党的领导。而强化党的领导，则需要强化党的建设，特别需要根据我国社会主义建设的新发展，有针对性地改进和加强党的建设。在我国的建设进入新的发展阶段的时候，党的建设必须进行适时的调整，与时俱进。

一是党的历史任务发生了变化。我党的历史任务不仅已经从阶级斗争为纲转变为经济建设为中心，而且在社会主义建设新时期，党所领导的社会主义建设任务从单纯的经济建设转变为经济建设、政治建设、文化建设、社会建设、生态文明建设五位一体的综合性建设。这种转变不仅是内容的丰富和扩展，更是方向性的调整。这是重大的战略意义的转变，我党的建设必须适应这一转变，为完成这一历史性的任务而服务。

二是党的地位的变化。我党长期领导中国各民族人民进行了求解放的斗争，并在斗争中掌握了执政的权力。在执政的过程中经历过以阶级斗争为纲的时期，对社会生产力的发展造成了巨大的破坏。现在我党进入领导中国人民进行建设中国特色社会主义的新时期，作为一个掌握国家政权的党，已经从不成熟成长为成熟的执政党了。因此，必须在执政的高度来进行党的建设，以便进一步适应执政的要求，更好地发挥党的执政作用。

三是党的自身变化。由于党是先进生产力的代表，因此党在现阶段的奋斗目标是发展社会生产力，而不是消灭剥削阶级和剥削制度；由于党是全国各族人民根本利益的代表，因此党的阶级基础必然是全国各族人民，而不仅仅是产业工人阶级了；由于党是先进思想文化的代表，因此党的思想理论基础不仅是马克思主义、毛泽东思想，还包括邓小平理论和一切先进的思想文化。我党在奋斗任务、阶级基础、思想理论基础的变化和发展，使我党进入了一个新的发展阶段和发展状态。这些变化与发展要求我党必须以新的姿态领导全国人民，进行社会主义建设。

四是党的队伍构成发生了变化。在阶级斗争时期，我党的基本成员是劳苦大众，构成单纯，而且党员的文化素质普遍较低。进入社会主义建设新时期，我党的队伍构成发生了空前的变化。社会各个阶层的民众都积极加入中国共产党，其中也有生产资料的占有者，或者一些党员成为生产资料的私有者；大量知识分子加入党的队伍，大大地提升了党员的文化水平；党员的思想意识也发生了变化。因此，我党必须从执政的需要出发来进行有针对性的教育提高。

五是党的建设的任务、内容以及实践方式也发生了变化。加强党的建设是稳固执政的需要，或者说执政是党的建设的基本出发点和根本归结点。党的建设主要是政治建设、制度建设、组织建设、思想建设、作风建设等，通过党的各级组织建设，各级领导核心建设，党员队伍建设，党员个体素质的提高，达到一个总体的目标，那就是加强执政意识，增强执政能力、提高执政水平，以提高执政的实际效果。这需要在认识上和实践上明确执政的目标、任务、原则，实行新的方式方法，建立新的运行机制。

党的十八大以来，以习近平同志为核心的党中央，加强了针对部分领导干部贪污腐化、对抗党的路线方针政策的斗争，这是以打“老虎”、拍“苍蝇”为突破口的党的建设行动。通过这一行动，消除腐败，消除党内的隐患，健全党的制度，整顿党的组织，清理党的思想作风，重新树立党的政治形象，把党的建设带入了新的发展阶段，以便更好地领导中华民族建设中国特色的社会主义，振兴中华，实现伟大的中国梦。

在我定居大梨树村以后，我和老伴儿的党组织关系便落在了大梨树村，我直接具体地参加了大梨树村的党组织生活，是大梨树村的一名普通党员。在长期的组织生活中，我发现大梨树村党委有一些与执政党的建设有关的新现象，引发我的一些思索。

比如，大梨树村的党员，尤其是以毛丰美为代表的领导班子成员，在党员个人的修养上都有鲜明的人格魅力。这不仅是党员对自身的要求严格，恪守纪律和规范，更主要的是在与村民的关系上，处处为村民着想，时时为村民服务。毛丰美不仅为村民办了很多十分具体、十分琐碎的事情，还热心为外地的民众办事。这些事情小到为人去打官司，讨回被讹诈的钱财，大到在全国人代会上为全国农民取消农业税和农业特产税而大声疾呼。这是一个共产党员在政治信念、思想作风之外的思想情感的修养，是人性之美的修养，人格魅力的修养，是人格魅力的建设。这种人格魅力应该是新时期执政党的每一个成员都应该具有的基本素质。过去，一讲共产党员的修养就是以阶级斗争为纲，满脸阶级斗争，没有人情味儿。一提人情味儿就是阶级立场有问题，就是资产阶级情调。整个社会都是怒目圆睁的斗争气氛，人人怒目相向，结果人人自危。现在以经济建设为中心，开展五位一体的社会主义建设，社会需要的是眉开眼笑的和谐气氛。和谐并不否定斗争，斗争只是达到和谐的手段和途径，和谐是社会的发展方向。共产党员要发挥执政党一个成员的作用，必须有完善的人性修养和人格魅力，同广大民众息息相通，亲近民众，代表民众，而不是高居于民众之上的指手画脚者，不是不食人间烟火的世外人。应该在这个意义上认识和理解共产党员的修养。当然，共产党员的修养不仅仅是这些。在社会主义建设新时期，共产党员的开创、革新、奋斗精神，与人性之美、人格魅力是统一的。

再比如，大梨树村党委的领导和村委会的管理是通过为村民服务来体现的。为村民服务就是领导和管理的基本方式。这应该是我党在社会基层的领导机制。基层党组织的领导与民众的关系不应是简单的领导与被领导的关系。如果是简单的领导与被领导的关系，那么领导机关就是社会的主体，而民众只能是客体了。但是，在社会基层，领导与被领导的关系恰恰应该翻转过来，民众是社会的主体，领导机关或领导者是客体，领导机关和领导者是为社会的主体——人民群众服务的。只有这样才能体现我党为人民服务的根本宗旨，才能真正地以人为本，领导机关和领导者才能成为人民的公仆，不然就是当官做老爷。所谓为民做主，做人民的父母官，为民做好事，这都是高高在上的封建思想的表现，在社会主义新时期的今天，这不是马克思主义执政党的应有作风。应该在这个意义上认识和理解我党的执政建设。

党的建设在不同的历史时期有不同的内容。在社会主义建设新时期，就应该有这个时期的独特内容和特色。这既是实事求是，也是与时俱进。

党的建设是自我党建立以来就存在的重要课题，在社会主义建设新时期面临着新的形势和任务，所以必须站在新的历史角度来认识党的建设，来加强党的建设。

一、站在新的历史角度加强党的建设必须加强学习

在新的历史条件下，不能陷于盲目的事务之中，必须学习新的思想理论，提高思想认识能力。作为一个共产党人必须有清醒的头脑，保持科学的认识能力，不断地学习是基本的措施。学习的基本内容是掌握马克思主义、毛泽东思想、邓小平理论、“三个代表”重要思想、科学发展观的基本精髓，掌握先进的思想文化，掌握先进的科学技术，既忠诚地继承和发扬我党传统的思想理论，又不断地用人类新的思想文化成果武装自己，丰富自己，提高自己，与时代同行。党中央政治局已经为全党带了头，作出了榜样。但在基层，很多党内的学习活动流于形式，或者以干代学，把学习活动变成了研究工作的会议。党内的学习活动应该有具体的规划，有具体的学习内容，有具体的安排，还应该有一定的考核措施。读书、听课、讨论应该成为党内学习活动的常态，而不是应付检查的临时抱佛脚。我知道，有些党内的学习活动实际只停留在嘴上，说是学了，其实根本没学。有些学习笔记、讨论记录其实是编造的，用于应付官僚主义的检查。

二、站在新的历史角度加强党的建设必须努力实践

在新的历史条件下，我党的斗争实践就是进行中国特色的社会主义建设。每一个共产党员都应该是社会主义建设的积极参与者，是广大民众进行社会主义建设的带头人，在社会主义建设的实践中发挥自己的能力才智，发挥一个共产党员的模范作用，体现共产党员的先进性。同时，在建设的实践中，不断地学习，不断地总结实践经验，不断地提高自己的认识和实践能力，在改造建设客观世界的同时，努力丰富发展自己的主观世界。在实践中进行党的建设实际是进一步学习验证党的路线

方针政策，在实践中加深理解，在实践中提高应用的能力。更重要的是在实践中发现问题，研究问题，求得开创性的发展。调查研究是深入实际的一种好方式。党的领导机关干部和领导者应该把深入基层，深入群众，深入实践活动作为重要的工作方法。深入基层不是简单地检查工作，不是指手画脚地“指导”一番，而是实实在在地研究问题，求得认识上的新提高。

三、站在新的历史角度加强党的建设必须理论联系实际

在社会主义建设中，理论指导实践，实践验证、丰富和发展理论，努力做到理论与实践完全统一，做到一切行为更加清醒更加自觉。理论联系实际的关键是严肃地正视问题，认真地解决问题，在解决问题的过程中不断地提高自己的认识能力。不回避、不掩饰工作中的问题，努力加以解决，求得认识的科学发展。在新的历史条件下，理论联系实际应该成为我党领导全国人民进行社会主义建设的常态机制，只有这样才能保证我党立于不败之地，不断地取得新的胜利。理论联系实际是学习活动的提升，也是实践活动的升华。理论联系实际就是在认识论和方法论的角度，找出实践活动规律性的认识，用于指导类似的实践活动，增强我们工作的自觉性。

在当前，由于市场经济的负面影响，社会主义核心价值观受到了干扰，对党员的思想作风建设提出了新的课题。习近平总书记在这样的关键时刻，提出了共产党员要做到“三严三实”的要求，即“严以修身、严以用权、严以律己，谋事要实、创业要实、做人要实”。这既有针对性十分明确的现实性，也有长远的历史性的战略意义。“三严三实”既是党的建设目标，也是党员思想作风修养的基本内容，必须贯穿于党的建设的全过程，把党的建设落实在“三严三实”上。

我党只有在新的历史条件下不断地建设自己，发展自己，才能更好地担负起建设社会主义中国，实现振兴中华的中国梦的历史重任。上至全党，下至党的基层组织，直到每一个党员都必须在历史前进的大潮中，保持清醒的头脑，保持昂扬的斗志，保持大公无私全心全意为人民服务的作风，踏踏实实地为社会主义建设贡献力量。这是领导中国人民进行伟大的社会主义建设的执政党的基本姿态。

这是我们在认识和总结大梨树村发展实践的时候，得到的一个重要的启示。

第五章 探 索

在社会主义新农村建设中，肯定有许多需要解决的问题。这些问题有的是大梨树村在发展建设过程中出现的，有的则是我在农村生活中接触到的其他地区的问题。只有很好地解决这些问题，才能更快更好地推进新农村建设。这些问题带有普遍性，解决起来也并非容易，不会很快，不会很彻底，但必须坚持认真探索。

第一节
农村发展的稳定性

任何事物的发展都不会一帆风顺，大梨树村的发展建设也充满了艰难曲折，有成功的经验，也有失败的教训。发展的不稳定也许是常态，是客观必然，但是应该探索减少发展曲折的办法，尽量避免损害。如何使农村的发展建设更稳定一些，减少挫折，保持发展的基本稳定，这是首先需要探索的问题。恐怕也是最难以解决的问题。

农村发展建设不稳定的主要原因有二：客观环境因素和主观能力因素。

客观环境因素主要是环境和条件的变化。在市场经济条件下，特别是在市场经济发育不完善的情况下，缺乏制度和机制的保障，容易产生意想不到的变化，造成农村发展的不稳定。

主观能力因素主要是农村基层干部和农民缺乏掌控市场发展变化的能力，基本处于被动的状态，被市场的变化所牵制，往往很盲目和茫然，发挥不出发展的主动性和积极性。

在很多情况下，客观环境因素与主观能力因素交织在一起，使农村的发展建设处于非常被动的状态。比如前一个时期出现的农村工业化的浪潮就有很强的盲目性，很多农村呼啦啦地办起了工厂，大走工业化的道路。农村办企业如果能对上市场的需求，发展会很快，经济会得到很显著的改善，一下子就富得冒油。但是也存在忽视环境问题、能源耗费问题以及技术含量过低、发展没有前途等问题。尤其不注意市场的长期走向，过于集中地发展某一产业，造成产能过剩、产品大量积压、供大于求等灾害性后果，在产业结构调整和经济发展方式转变中受到了很大的冲击。一些靠工业化起家的农村，甚至一蹶不振了。这里，产业结构调整和经济发展方式的转变是客观环境因素，而当初选择发展这些工业项目则是主观能力的因素，缺乏科学性，缺乏长远考量。

大梨树村有些产业的经营比较稳定，比如商业物流、生态旅游、水果生产等以及附着在这些产业上的家庭经营活动。但是有些产业却在动荡之中。比如五味子产业，由于应对乏力，不得不削减了。而村办企业、房地产开发，有时很顺利，很理想，有时却很艰难，甚至难以为继。好在大梨树村的产业门类比较多，东方不亮西方亮，能够保持总体上的稳定。但是，如果没有这些波折不是更好吗！

大梨树村产生经济发展不稳定的主要原因：

一是当初创办的时候考察不周，急于求成，选项轻率。比如有些工业企业。当时急于求成是普遍心理，缺乏认真的调查研究。甚至还有投机心理，当前房地产开发陷于窘境，就是这个原因。

二是管理不科学，基本还是手工业的管理办法，缺乏科学的理念，缺乏市场经济条件下的企业管理经验。有些企业村集体经营的时候亏损，转手到个人管理就盈利，原因就在这里。

三是管理技术人才缺乏。村办各种产业基本都是村里人来管理，不懂管理也不懂技术，都是摸索着干，造成亏损是必然的。但人才难觅，且觅人乏术。用人也有不妥之处，人才难留。

四是在产业的创办和经营的指导思想上，有不够实事求是的地方。

比如五味子的生产，没有在深加工和在国内市场建设上下功夫。盲目地依赖出口，盲目地扩大生产规模，结果市场突变，损失惨重。这属于经验不足，考虑不周。再如在发展顺利的时候，把本该花在发展生产上的钱，花在了一些形象工程的建设上，劳民伤财。这属于虚荣心作怪，缺乏实事求是的精神。这样的错误需要认真地吸取教训。

当然，还有第五个原因。客观形势发展迅速，变化剧烈，主观能力难以适应，力不从心。这需要学习，需要探索，需要适应，也需要时间。主要是需要主观的努力。

上述五个原因，多数是客观上的原因，但第四条则属于主观上的原因了。有的需要在提高素质、提高认识能力水平上下功夫，有的则需要克服自身的毛病，纠正偏执的心理，改正不足。

克服新农村建设上发展的不稳定性，创造稳定发展的条件，保持稳定的发展，一方面需要解决客观上的困难，另一方面则需要加大克服主观上弱点的强度。建设社会主义新农村的发展常态，保持发展建设的基本稳定，最重要的是克服主观上的毛病。投机心理、急功近利、急于求成、盲目自信，这是普遍的主观问题，很值得深思，因为在农民的身上还残留着一些传统农民的弱点，需要尽力克服。农村基层的决策、管理能力经验不足，基层干部的素质尚不适应发展要求也是一大问题，这需要农村基层干部加强学习和在实践中锻炼提高。

农村发展建设的不稳定问题是客观的，也是不会在短期内彻底解决的问题。甚至可以说这是正常的。问题在于如何避免发展的曲折，或者尽量减少发展曲折带来的危害，尽力从曲折中走出来。我们在主动解决各种问题，克服各种困难的同时，增强面对不稳定问题的心理耐受能力，既不否认这个问题，也不被这个问题所困惑，以积极的姿态努力解决，努力适应，积极探索应对的良策。

第二节
民主监督机制的建设

我党实行民主集中制。民主集中制一词是当年从苏联学来的。列宁倡导过民主集中制。不过列宁的原意是“民主的集中制”，主导的是集中，民主只是对集中的修饰和性质的界定。我党的民主集中制实行民主基础上的集中，集中指导下的民主，民主与集中并列，成为一对矛盾统一体。我党的民主集中制体现了马克思主义的思想。这里的民主本身就有监督的内容：基层对上层的监督，党员对领导干部的监督，全党对中央的监督。

我党曾在抗战时期的边区设立参议会，请各界人士参政议政，为抗击日本侵略起到了团结民众的作用。但在无产阶级专政加计划经济时期，虽然有民主政治的机构，但作用有限，民主政治几乎只是一句口号，在阶级斗争和政治运动的左右下，民意被剥夺，行动被驱使，只有形式上的民主，谈不上真正的民主。

在现代社会，民主政治同市场经济和法治社会一同成为维护社会稳定的三个强大的支点。因此，上至国家，下至国家最基层的单位，都需要建立这样稳固的支撑，民主政治成为保持一个国家、一个地区稳定和谐的基础。一个村庄自然也不例外。民主政治在运行中主要是三个内容：民主决策、民主管理和民主监督。三者缺一不可，更不能互相取代。

民主监督是民主政治的一种体现，民主监督机制是民主政治的运行程序和方式之一。民主监督的主体是民众，民主监督的客体是执政者。民主监督机制的建立不是官方意志，而是民众意愿。在这个意义上说，民主监督既是政治民主问题，也是民生问题，是民众权利的保障和实现问题。

民主监督不能仅仅停留在具体措施的层面上，不能仅仅停留在具体问题的解决上，应在政治民主的高度上来认识和实施这一问题，形成制度，形成机制。避免形式主义，避免群众运动式的一阵风，必须在建设的意义上来进行。在社会主义核心价值观遭到破坏，不正之风盛行的当前，需要加强和落实民主监督机制的建设。

我国的民主法制建设遇到了一个新问题：如何解决事实存在的利益集团的问题。利益集团本质上是官僚资本利益集团，它控制着一定地域或产业的经济发展，进而影响政治权利，长此以往，极容易形成由利益集团主宰的专制社会。国民党在大陆的统治后期，就是蒋宋孔陈四大家族的官僚资本专制的社会。这样的利益集团与政治权力紧密相连，用政治权力攫取经济利益，用经济利益换取政治权力。利益关系主宰了政治经济活动。这种关系具有浓厚的封建意味。幸好党中央发现并以极大的魄力和信心向正在形成和发展中的利益集团宣战。打“老虎”，拍“苍蝇”，看似解决领导干部的违法违纪问题，其根本目标是颠覆各种利益集团。这些利益集团或大或小，或显形或隐形，或已经形成或正在形成。这绝不是个别的偶然的现象，已经形成了一定的气候和影响，不仅危害国家和人民群众的利益，而且开始干预国家的政治，威胁国家的政权了。依法治国，依法行政，用法治管理社会，而不是靠利益关系来控制社会，全力建设法治社会，这应该是对党的十八届四中全会决定的科学解读。

民主政治建设、法制建设是当前农村发展的重要问题。这是当前决定新农村建设发展的重要因素之一。在农村这样的小范围，关系往往超过了法治。政治和经济常常是在关系中运行的。面子就是牌照，就是通行证。没有谁来监督，没有谁能监督。这是落后的关系政治，涉及社会的公平、公正、公开。特别是经济发展较快，成就突出的农村，往往是村的领导人能力特别强，威望特别高，村民形成了一种盲从的心理，只要这样的领导人一声呼唤，村民不问是非便百依百顺。这是传统农民的心理惯性，也是传统农民的素质缺陷。打破这种状态的出路就是在经济发展、文化进步的基础上，充分发挥民众维护自己利益的权利，加大法制建设和民主监督的力度。

这里有一个农民的主体地位的认识问题。在农村的生产经营活动和社会生活中，广大农民是主体。这是农民基本权益的体现。过去的农村工作，由于旧的生产关系的制约，往往是领导说了算，领导包办一切，领导指挥农民，农民被动地执行。农民成为农村工作的客体，领导机关或领导干部反倒成了农村生产生活的主体了。现在农村的生产关系发生了根本性的转变，农民直接占有生产资料，自主性大大提高了，农民的生产经营活动和生活完全是自主意愿的体现，农民成为生产经营活动和社会生活的主体，而领导机关和领导干部只是为其服务的客体。只有摆正了这一关系，农村的政治民主才有可能实现。

当然，在这样的格局中，农民的主体地位与领导机关主导作用的发挥并不矛盾。主体地位与主导作用是不同范畴的内容。领导机关的主导作用是通过政策的制定、条件的提供、活动的指导、必要的帮扶来实现的。这本质是服务，通过管理来实现的服务，是领导机关的职责。

农村政治民主的主要内容是：村民作为国家公民的地位得到尊重，村民发展的权利得到保障，村民的正当利益得到保护，这主要是知情权、参与权、管理权、监督权的行使。

目前，农村的民主政治建设缺乏切实可行的经验。有的在发展的实践中，村干部自觉地听取村民们的意见要求，努力按照村民们的意愿行事，形成事实上的政治民主。有的设立了村民监督机构，制定了监督制度，完成了程序和制度上的民主政治。前一种缺乏制度的保障，缺乏强制性的机制。后一种在运行上缺乏保障，往往流于形式，或者监督机构成为村领导班子的影子，难以得到村民的认可。在规范基层领导干部的行为上，在保障民众基本权利的行使上，在相当一些农村虽无很严重的问题，但大都很不理想，缺乏制度上的保证。干部说了算，民众只能听喝；民众的意愿得不到重视，缺乏保证；甚至干部违法乱纪，民众只能听之任之等现象普遍存在。因此，农村基层的民主监督制度建设，既是党的民主集中制运行的一种方式，也是农村基层法治建设的一项重要内容，通过民众的依法监督和民主监督，来规范基层领导干部的作为，维护民众的权益，建设和谐社会。

大梨树村在政治民主建设方面已经有了很好的探索，把管理寓于为村民的服务之中可谓是成功的经验。在防止和处理部分村干部的违法违纪行为上发挥了作用。但是，由于原来的书记毛丰美个人良好的信誉和村民的拥戴，在村民的民主监督机制的建设上却显得不够，虽然村委会和村民代表大会在运行，但作用的发挥缺乏制度性的保障。这是需要继续探讨的课题。

在大梨树村，民主的气氛还是不错的。我到村里做顾问上班的第一天，在村大门口见到了一张告示，上面写着五味子烘干厂建设的招标已经完成，决定由某某承建。如村民有不同意见，可向凤城市某单位反映，电话是多少多少。向村里反映也可以，可到某某办公室，电话是多少多少。这样的事情也许由个别领导说一句话就行了，怎么还这样郑重其事？当天下午，在一个会议结尾的时候，毛丰美的儿子毛正新发言，向与会人员解释，他父亲毛丰美的新房子需要装修，他没时间，他父亲更没时间，只能请村里的一个工作人员帮助照看。照看期间的工资由毛丰美付。毛正新郑重地说，这需要向大家说清楚，并请大家谅解。这给我的印象很深刻。想不到在大梨树村竟然有这样的民主气氛。

毛丰美个人很注重这个问题。他曾很诚恳地对我说："我绝不直接批钱。我批钱谁来监督我？我不批钱，我可以监督他们。"由于毛丰美个人威信很高，能力比较强，所以在我列席过的班子会议上，常常是毛丰美一个人说，其他成员一致点头同意，基本没有讨论，基本没有争执和不同意见，这不能不说是个遗憾。但有两次例外。一次是讨论新建一个废油提炼厂的问题，毛丰美阐述后征求大家的意见，其他班子成员没有不同意见，就在要定案的时候，毛丰美的儿子毛正新，当时大梨树村经济开发总公司的副总经理，明确地反对。他有理有据地说了一些意见，大家听了很赞同，于是毛丰美的提议被否决了。这是很少见的。还有一次，村领导班子讨论私营企业碳素厂的问题，毛丰美提出的意见也被毛正新否决了，而且得到大家的认同。出现这些情况不排除个别班子成员碍于面子违心地同意毛丰美的提议，也不排除个别班子成员水平不高，没有自己的意见，顺从惯了。出现毛正新这一特例，是因为毛正新没有心理负担，同时，大学毕业的他也具有这个认识能力。

我在大梨树村旁听过村民代表大会。会议是村党委建议召开的，议题是表决出售龙凤宾馆的事项。村党委的领导介绍了龙凤宾馆的经营情况：效益不佳，设备老旧，无力维护，而且村里需要大量资金到外乡去租地发展五味子生产。这在村里是一个重大的问题，涉及的是村集体的不动产，需要村民来决定。在这个会议上没有明确的反对意见，但有人提出由村里私人联合出资买断承包龙凤宾馆的建议，以此来聚拢资金解决五味子发展的问题。但响应者太少，没有形成议案。最后表决，村民代表同意对外出兑龙凤宾馆。这次会议的程序、议题和结果没有任何问题，表达了村民的意愿，是一次成功的会议。但这个会议实际是咨询民意，或者说由村民决策，而不是村民监督，虽然是村民权利的行使，但缺乏力度。由村民提出对村干部监督、质询性质的活动我没有接触过。

由于农民传统的保守、封建意识，主动精神比较差，自我保护能力也比较差，应该在农村基层的民主政治建设上多做一些探索，以保证政治民主落实到农村基层，直接保障基层民众的民主权益。这是和谐社会建设的重要事项，也是农民素质提高的重要途径。农村基层的政治民主建设应该在制度和机制两个方面进行，在切实有效的监督上下功夫，避免形式主义，避免哗众取宠，避免监督机构成为领导班子的影子。在这里，应该建立领导干部自律与群众监督并重，咨询与监督并重，临时动议的监督与日常的监督并重的制度。形成民众由被动地接受咨询转变为主动地进行质询，基层领导干部由被动地接受质询转变为主动地进行咨询的机制。在这样的制度和机制下，群众的严格监督将变成热情帮助，不仅保证干部不犯错误，保证村庄各项活动的正常运行，也保障了民众的权益。

第三节
人才的培养

在大梨树村的发展建设过程中，始终存在人才匮乏的问题，不仅缺乏管理者，也缺乏做具体工作的专业人才。具体工作指的是某些技术性的工作。如工厂里的技术人员、业务管理人员、村管理工作的电脑微机操作人员、村机关里搞文字的人员等，这也是新农村建设存在的普遍问题。

大梨树村已经认识到了这一问题，并努力寻求解决办法。一是培养自己的人才。但自己的人才很有限。每年大梨树村的大学毕业生都有十几人，但几乎都留不住，偶尔有一两个也干不长。二是引进外来人才。外来人才有两种情况：有的人很适合，但干一干就不愿意在农村里干了。有的人能干长，但作用不大。而且外来人员很难选，愿意来的很少，适合的更少。三是临时借用人才。这种临时借用人员大都是只干一件指定的工作，如写个材料、办一件事情等，同大梨树村的整体工作没有什么联系，认识有局限，作用也有局限，而且花费并不算少，还欠着人情。大梨树村这些年来在人才的培养和引进上下了很大的功夫，取得了一些成效，但从长远需要看，力度似乎还不够，特别是管理人才十分匮乏。大梨树村如果解决了人才匮乏的问题，将会迈开更快的发展步伐，取得更加辉煌的成就。

人才问题是社会主义新农村建设的“瓶颈”，解决这个问题不妨这样试一试。

首先，在人才的问题上当然应该以培养自己的人才为主，但这恰恰是最难的。在实践中培养锻炼，这是一条渠道，也不乏这样的先例。但这样的人才毕竟有限，而且能力也很局限，培养锻炼的周期也很长。现在大学毕业生就业比较困难，能不能制定个政策，本地或外地的大学毕业生直接到农村就业，给予一定的政策优惠和支持。大学毕业生到农村就业不同于在大学生中选“村官”。在农村就业就是就业，不是做领导工作；就业是比较固定地在农村工作，而不像大学生“村官”那样干几年就走。当然，在农村就业并不是“扎根农村干革命”，工作相对长一点的年限后，可以有适当的安排或享受一定的待遇。当然也欢迎自愿扎根农村。

其次，为了培养领导机关的干部，可以鼓励机关干部志愿或指定到基层农村去工作，这种工作带有培养锻炼的性质，可以担任一定的负责职务，技术性质的人员还可以带自己的业务下去工作，如在农村就地搞科研。在职学习锻炼的人员就是学习锻炼，不应与当官提拔联系在一起，只是增加阅历，增加经验，提升能力，保持那份学习锻炼的真诚，排除世俗气。

当然，从长远看，这样经过实践锻炼的干部在思想觉悟上，在认识能力和工作能力上必然高人一筹，经过一定的程序，提拔重用也是必然的，但这与他们到基层锻炼的经历无关，是实际才干在起作用。这种下派基层学习锻炼的做法应当成为制度，凡是县、乡（镇）机关的干部都应先在农村基层锻炼，干上一两年，然后再到机关工作。基层工作经历应该是机关干部选拔的硬性条件。这既解决农村基层人才缺乏的问题，又解决了机关干部的培养问题。

再次，在社会上招募一些志愿者到农村工作。这些工作可以是义务的，也可以是有偿的；可以是从事技术性工作的，也可以是从事社会服务性工作的；可以是一次性的，也可以是多次的；可以是临时的，也可以是相对稳定的；可以是在职的，也可以是无业或退休的。

当然，这样的志愿者到农村去工作，需要得到所去农村的认可。农村也可以向社会公开招聘指定专业的志愿者。

最后，农村在使用外来人员上需要转变一些观念，讲究一些做法。关键是发挥外来人员的作用。这除了提供一定的物质条件和生活条件外，重要的是端正对待这些外来人的态度。

对待外来人员需要尊重，而不是把他们看成一个外来打工者，忽视他们的存在和作用；需要虚心求教，而不是把他们简单地看成工作工具，忽视他们正确的意见和要求；需要支持他们的工作，不要在小节上挑剔，求全责备；需要在外来人员的帮助启发下提高自己，不能采取排斥的态度，对一时理解不了的正确意见不要轻易地否定。对待外来人才的态度，这是个人修养和工作作风的问题。团结外聘人员，利用外聘人员，发挥外聘人员的作用，是一门工作艺术。

能否留住人才，或者能否吸引外来人才，是检验农村经济发展程度，社会主义新农村建设水平的尺度。山东沈泉庄形成了庞大的产业体系，基本靠的是外来人才的支撑，是外来人才成就了沈泉庄的发展。大梨树村外聘人员的作用也越来越明显，这都是经济实力和发展水平吸引的结果。在大量吸引外来人才的同时，也将出现本地外出人才的回流，这是必然的。

在人才问题上，经济发达，新农村建设水平较高的地区，人才问题容易解决。而那些经济有待发展，新农村建设不够的地方，人才问题恰恰不易解决。这正所谓“越肥越添膘”，急需人才的落后地方却得不到人才，这是普遍矛盾。

在社会主义新农村建设的初期和中期，人才短缺将是主要矛盾。只有到了中后期，人才问题才有望得到顺利解决。大梨树村目前只能算刚刚步入发展中期的开端，人才匮乏的问题将持续一段时间。

解决农村人才问题的办法无非是培养、招聘、使用几个措施。培养有许多办法，招聘有许多途径，使用有许多艺术，完全在于创造。

第四节
农村工业化的途径

办企业，走农村工业化道路，这被视为发展农村经济的一条捷径。我国好多农村就是靠发展工业企业而脱贫致富，走上小康之路的。有的已经成为我国农村致富的佼佼者而声震天下。

但是，农村工业化并非致富的独木桥，尤其不可不顾条件地一哄而上。必须量力而行，稳步发展。今天看来，当初大办企业，走工业化道路而大获利益的农村，现在不少却陷于尴尬的境地。有的农村企业污染严重，今天面临着治理的困难；有的农村企业，只顾赚钱，不做长远考量，现在产业结构调整，企业减产限产，甚至下马，造成极大的经济损失；有的农村，头脑一热就大办企业，企业办起来却因技术、管理、耗能、污染、资金等原因而难以为继，不得不空置在那里，丢不下，捡不起，造成巨大的浪费。我所去过的山东临沂沈泉庄，他们的热电厂、水泥厂、钢铁厂都曾经为村里带来巨大的经济效益，为新农村的建设作出巨大的贡献，现在我估计，很可能因产能过剩、环境污染等问题而面临着极大的困难。特别是供给侧结构性改革的提出，沈泉庄将承受巨大的压力。这类问题单靠一个村庄的力量根本无法解决，实际上也解决不了，没有回天之力。农村走工业化的道路不是一厢情愿的事情，必须进行周密的考察、严格的论证、细致的规划、审慎地实施，尤其要有应付突发情况的思想准备和处置能力。

大梨树村也尝试过办工业企业，走工业化道路。

从1983年起，大梨树村先后办了铸造厂、电熔镁厂、碳素厂、缫丝厂、汽车配件厂、皮革厂、服装厂、钛铁厂、雄蚕蛾酒厂、工业镁厂、压铸件厂、工业硅厂、红柱石矿、五味子酒厂等20多个。这些企业有的挣过大钱，但市场风云突变，一下子就一蹶不振了，只得关门；有的一直微利，死不死活不活的，拖不起，只得转让给个人经营，个人经营反而振作起来，不少赢利；当然也有从一开办就没挣过钱，不得不草草收兵。

实事求是地看，这些企业在当时为大梨树村的发展起过积极的作用，除了经济效益之外，对解决村民就业、管理人才的培养所产生的效益也不容忽视。

当然，在办工业的过程中，教训也是很深刻的。

首先，由于经验不足，对别人太轻信，造成损失。山里人都实在，在经营中被骗，被赖账，造成的损失不算少。我从村财会那里看到了一笔账，据不完全统计，损失大约是这些：雄蚕蛾酒厂发出货了，而货款收不回来，损失80万—90万元；服装厂同样原因，损失40万元左右；电熔镁厂也是货款没要回来，损失100万元左右；压铸件厂有20万元没要回来；铸造厂在转卖给个人前，有70万—80万元货款没要回来。这里有被人设圈套骗走的，也有对方因经营不善而破产无力偿还的，可能也有因管理不善而损失的，总之，这些钱基本是打水漂了。

其次，由于当时办厂心切，考察不周，结果办厂污染环境，不得不采取纠正措施，造成经济损失和社会影响。这主要是初期的电熔镁厂，污染空气；缫丝厂，污染水源；还有碳素厂。碳素厂最先由村里办了一个，后来转卖给个人，再后来由于污染而搬迁到其他地方。但是，由于碳素厂利润可观，与大梨树村合作的那个老板又在大梨树村新建了一个规模更大的碳素厂，对大梨树村的环境造成了一定的污染。但是，由于大梨树村曾经同意他办厂，并卖给他土地，他已经投入大量资金，工厂已经建成，现在没有办法彻底纠正了，只能采取一些补救措施。

另外，由于初涉市场，缺乏管理经验，缺乏管理、技术人才，或者生产不能正常运转，或者经营不甚得法，造成亏损，蒙受经济损失。这主要是服装厂、工业硅厂、红柱石矿、皮革厂、雄蚕蛾酒厂。

农村办工业企业是改革开放以来遇到的一个普遍性的新课题。办工业企业是农村富裕起来的一个好途径，成功的例子不计其数。但是，不是所有的农村都能走通这条路。

必须有个好的地理环境。或者与大城市为邻，或者与大工业企业为邻，或者地处交通便利之所。大邱庄紧靠京津唐地区，尤其与天津关系紧密；华西村地处江苏繁华地区，交通便利，与上海、南京等大都会遥相呼应，自然为村办工业企业提供了便利。这是地缘优势在起作用。

必须有充足可靠的资源。比如，有矿产物产资源，有充足的土地资源，或者有水利资源，等等。利用这些资源，发展因地制宜的工业企业。资源是一种特殊的财富，在村办企业中能发挥意想不到的作用。

必须有充沛的资金。这是不言而喻的。

必须有相当的人才。既有管理人才，也要有技术人才。

必须有较健全的市场。当然，市场需要培育和建设。

不是所有这些条件齐备了才能办企业，有些条件是可以创造的。创造条件就是创业的过程。条件齐备了，创业也便完成了。

大梨树村的工业企业发展道路是在艰难困苦中走过来的。在这个过程中，大梨树村果断地采取了坚持、出让、承包、倒闭等措施，保护了村集体的利益，同时也厘清了农村工业企业的发展道路。

现在，大梨树村在发展工业企业的道路上又向前迈出一大步。

一个是利用多余的土地资源招商引资，开办工厂，增加村集体收入，也通过进厂工作增加村民收入。目前已经有两个食品加工厂，一个铡草机厂，一个油漆厂，一个灯泡厂，一个玉米良种繁育场等在大梨树村落户。这些厂家的总产值每年可达2亿元。

另一个是凤城市政府征用了大梨树村大量土地，招商引资，建设了凤城市的工业开发园区。这是凤城市的大手笔。招商引资进来的企业大都科技含量较高，管理水平较高，实力较强，因此带来的影响也是积极的。工业园区的建设不仅开辟了凤城市的税源，发展了凤城经济，最直接受益的是大梨树村和大梨树的村民。工业园区的设立使大梨树村内的工业企业所占比重急剧提升，大梨树村民就业渠道陡然增加，传统农业的农村立刻增添了浓厚的现代工业的氛围。

如果说村办企业是主动工业化的话，那么把工业园区和民营企业引进村里，则可称为被动工业化。主动工业化和被动工业化各有各的效益，主动工业化以经济效益为主，被动工业化以社会效益为主，这都是社会主义新农村建设所需要的。

农业地区工业化的效益不仅在于促进了城镇化的进程，不仅在于拓展了农民致富的渠道，不仅在于集体经济实力的增强，最重要最显著的效益在于农民素质的提高和身份的转化，在于农业地区文化的发展进步。

农民就地进工厂务工，一方面做工人，增长了劳动技能，提高了素质，由过去的农业劳动者转变为具有组织纪律性和协作精神，并掌握一定工业生产劳动技能的工业劳动者。他们中有些人职业是工人，业余时还是农民，继续在业余时间从事一定的农业生产劳动，继续保持同广大农民和农村的联系。这些人的素质明显高于传统的农民。他们反过来也将带动普通农民素质的提高。

由于大量的工业企业在农村地区存在，由于大量的工业劳动者在农村地区的存在以及现代工业的氛围，现代工业企业的生产经营活动，现代工业劳动者的影响，必然带动所在地区的经济活动的繁荣和经济实力的增长，必然带动所在地区文化品位的提升。进一步说，用工业管理手段改造农业，用工业理念打造现代农业，这在某种意义上，也是农业生产和管理的工业化。这些效益也许不会立即显现，但会潜移默化，渐进地改变一个地区的面貌和文化品位。

目前大梨树村的工业化进程是由三股力量促成的。一是大梨树村自己办的工业企业，二是当地民营企业的发展，三是凤城市工业园区的开发。在这三股力量的作用下，大梨树村的工业化形成了多层面、多结构的可观局面。既有自主、主动的工业化行为，也有引进、被动的工业化，效益也是多方面的。

大梨树村的工业化收获的除了经济效益之外，更主要的是社会效益。这主要是：

首先，建设了新的经济秩序，使村里的经济活动更加社会化、产业化、市场化。村里的社会活动，村民的日常生活，与经济活动的联系更加紧密。社会化大生产成为社会生活的主导因素。

其次，农村工业化的文化效应，农村的生产活动不再是单纯的经济活动，增强了文化的因素；不再是单纯的求生存活动，而是在生存的基础上，求发展的活动；不再是简单的生产行为，而是一种社会行为；不再是范围狭隘的劳动生产，而是范围更加广阔的社会交往和互动。

再次，农村工业化对农民的作用，丰富了农民的社会生活；提高了农民的劳动技能，尤其是科学技术含量较高的生产活动，而不再是简单的体力劳动；满足了农民多方面的需求，尤其是文化和发展的需求；转变了农民旧的思想观念；建立了新的生活方式和秩序。

另外，农村的工业化既是发展的目的，更是发展的手段。作为目的来追求，过于狭隘，而且内容往往陷于窘态，比如污染、耗能、科技含量过低等。作为手段来运用，则有利于农村经济、社会的全面发展。

说句实在话，大梨树村的工业化进程在本质意义上讲，还处于起步阶段，尤其村办企业和部分民营企业，基本是劳动密集型的企业。村办企业的艰难是外人难以想象的。资金、技术、人才、市场大环境，每一步都是坎坷，每一处都是险境，真是举步维艰，如履薄冰。特别在初期，企业的工艺、产品技术含量，能源和环境问题，都不是容易解决的。何况我国第一波农村工业化的浪潮已经过去，这第一波盲目发展的后果已经显现，正在调整之中。而第二波尚未兴起，而且第二波发展的也不一定是工业企业，很可能是社会服务行业，包括农副产品的工业加工。这需要清醒的认识、科学的判断、全面的规划和踏踏实实的实践。对此我充满信心，英雄的大梨树人一定能在“干”字精神的鼓舞下，创造出更辉煌的业绩。

第五节
农村城镇化的道路

中国农村城镇化的发展道路大体上可分为两种。

一种是发展中心城市，大量吸收农村劳动力，扩大城市规模，发展城市服务业，进而带动农村的发展。

这种发展道路一般称作城市化。这种发展道路类似两百多年前的英国，由于农村的圈地运动，大量农民失去了基本的生产资料——土地，不得不迁徙城市，成为从事工业生产劳动的无产者，扩大了所在城市的消费，由此壮大了城市。不仅城市的规模扩大了，而且城市的生产能力和经济实力也壮大了；工业革命造成工业蓬勃发展，急需大量劳动力，这样带动了城市的发展，成为城市化运动。而占有大量土地的农场主，则以产业化的方式推进了农业的发展。所以，在当时的英国，工业化引起了城市化和农业产业化的连锁反应。虽然加剧了对无产者的剥削，但终归是一种社会进步，形成了社会化的大生产，创造了资本主义的强大生产力。城市化就是人口向城市相对集中的过程，是农村人口素质提升的过程，是人类生产方式和生活方式由农村型向城市型转化的过程，是以农业为主的传统农业社会向以工业和服务业为主的现代城市社会转变的历史过程。城市成为社会的中心，城市化成为社会前进的一种方式。

另一种是实现真正意义上的农村城镇化。

农村就地发展起来，形成城镇，带动周边农村，同城市建立密切的政治、经济、文化、社会的联系，逐渐形成发展互动的联合体。农村的城镇化是城市化的重要组成部分，或者说是一种实现方式。农村的城镇化让农村具有同城市一样的社会结构和社会功能，同城市一样的经济结构、生产经营方式和发展方式，同城市一样的生活方式和生活形态。农村的城镇化是经济的概念，也是文化的概念，还是民生的概念。农村城镇化突破的是原来城乡长期存在的分割式的二元结构。原来的二元结构造成了城乡发展的不平衡。农村城镇化无论在政治上经济上，还是文化上和社会生活上，都是重大的进步。面对现在的城乡发展建设和行政管理，不必再城一套乡一套，而是整体统筹，互相关照，联动发展，形成新的行政格局和管理方式。这样，发展建设集聚的能力明显提高，产业结构趋于合理，经济实力不断增强，基础设施逐步完善，管理成本大大下降。

当前，我国以扩大城市规模为中心的第一波城市化热潮已经结束，正处于调整期。随之而来的将是以城镇建设为重点的第二波城市化热潮。第一波城市化热潮与第二波城市化热潮有截然不同的特点。第一波热潮在有些地区基本是行政行为的城市化，是领导意志的城市化，是表象上的城市化，变成了推动GDP增长的手段，变成了形象工程，结果，出现了“鬼城”“空城”。这是一个惨重的教训。与第一波相比，城镇化的发展脚步比较扎实，不会形成一窝蜂的态势。当然，发展的速度也比较慢，不会很快形成普遍趋势。

城市化与城镇化本质上是一回事。城市化带动了城镇化，城镇化促进了城市化；城镇化是城市化的一部分，城市化统领城镇化。总之是加强城乡的联动，在发展上一体化。农村主要靠内力来实现就地、自主城镇化，通过自己的实力来进行。当然也需要城市的拉动，比如城市的产业转移，利用农村闲置土地建设工业园区、建设物流市场等。

农村城镇化最主要的，或者说最基本的是农民的城镇化，而不是楼房的多少，村容村貌的变化。农民的城镇化主要表现在两个方面：一是农民素质全面普遍的提高，实现了知识技能化，观念现代化；二是农村人口消费能力的提升，通过建设公共服务系统，发展社会服务行业来实现城镇化。这两点是核心问题。

农村实现城镇化需要许多条件。

第一，与城市的联系比较紧密，至少距离不能太远。

农副产品进城，城市服务下乡都比较方便。这样经济的发展容易互相渗透，互相包容，比较容易形成互联体。大梨树村距离凤城10公里，这在经济落后，交通不发达的过去，是一个不小的距离。现在，省级的桓盖公路直穿村中，丹阜高速公路凤城站就在村边，交通十分便利。乘小公交车到凤城只需20分钟。

第二，农村城镇化必须有经济发展的支撑，而且经济的发展比较成熟、稳固。

大梨树村得益于开发了房地产业，依靠自己的力量打造了仿古新农村，集中了农村人口，发展了社会服务业。同时，大梨树村的生态旅游业保证了经济发展的稳定，也加强了村容村貌的建设和管理，提供了同城市一样的生活条件。而其他产业的发展为大梨树村的建设提供了资金的支持。大梨树村的发展不仅解决了当地农民的就业问题，而且还吸引了大量外村剩余劳动力来大梨树村就业，既解决了外地劳动力的就业问题，也解决了大梨树村劳动力匮乏的问题。

第三，城市对城镇化的支持。这种支持不是资金费用上的支持，而是条件的创造。

大梨树村一方面自己做了很多努力实现城镇化，另一方面凤城市把工业园区建在大梨树村，这为大梨树村的城镇化提供了条件。随着工业园区的扩大和发展，不仅扩展了劳动力就业的渠道，生活服务、社会服务等产业将会有大的发展，为了职工的居住，房地产开发业也将有新的动作。据说，凤城市政府在规划中，已经把市区的公交汽车从凤城直通到大梨树村里，这更加方便了城乡的联系。

第四，城镇化建设有一个不同于城市的基本出发点，那就是每家每户的农民在目前既是生产经营的主体，又是基本的生活单元，这与城市截然不同。

农民家庭的生产生活完全一体化，创造价值与生活消费直接统筹安排。因此，城镇化建设必须从农户的生产生活实际出发，既有利生产，又方便生活。大梨树村根据不同的需要，建设了适合农民生产生活的仿古新村和四合院，同时还建设了适合外来人员居住的欧式别墅小区，适合经商的门市店铺。

第五，乡村的管理能力和村民的素质必须适应城镇化的需求。

所谓城市化，或者城镇化，最本质的是人的城镇化。城镇化不是盖一批大楼这样的物质建设，而是文化建设，实现人的城镇化。大梨树村的党政领导班子在多年的发展建设实践中，已经在政治水平、管理能力上十分超群了。大梨树村民随着经济活动的发展、文化生活的丰富和生活水平的提高，已经过上了城里人一样的日子。所以，大梨树村的城镇化是水到渠成。

大梨树村的城镇化走的是一条就地、自主城镇化的道路。也就是说，大梨树村城镇化的实现不靠城市的拉动，不靠上级的支持，也无需上级的指令，就在自己的家门口，自己动手，自己奋斗，把一个货真价实的城镇建设起来了。好多农村的城镇化靠城市的扩张，把农村包容进去，城市把农村整个吞进去，变成城市的一小部分。这是被动的城镇化。还有些农村是靠人口大转移，劳动力进城务工，其他零星人口也随着进城，原来的农村荒废了，这也算实现了城市化，但原来的农村没了。可谓成全了一个，又毁坏了一个，对农村经济是一种破坏，有些得不偿失。这是农村人口转移。大梨树村实现城镇化最鲜明的特点就是自主和就地，这是十分难得的。这样的例子不是没有，但是很少。比如江苏的华西村，大梨树村应该是辽宁省内比较罕见的一个。自主和就地这两个特点说明大梨树村真正彻底地解放了思想，真正彻底地自己动手自力更生。这也说明大梨树村的社会主义新农村建设，踏踏实实地跨上了一个发展的新台阶。

今天，游览在大梨树村，青砖青瓦的民居、街道、牌坊，古香古色，别具一格；青山环绕，碧水长流，楼台亭阁，小桥横跨，宛若江南；别墅园区幽静，欧式别墅更显现代风情；商业店铺面街而立，丰富多彩，生意兴隆，方便居民；旅游服务门庭若市，餐饮、住宿、游乐，购物，展示了深山里的城镇风貌。

我在大梨树村定居，最大的感受是，除了自然环境是农村，其他的生活设施和条件全都同城市一模一样，等于把城市的生活设施和条件都搬到大梨树村来了。有煤气，有暖气，有网络，有医疗机构，有公共交通，有超市商店。人在乡村，过着城市的生活，这正是现代的生活享受。

实现城镇化的大梨树村，实现了硬件建设的城镇化：居住条件、生活设施、社会环境；实现了软件建设的城镇化：文化建设、村政管理、社会生活；实现了村民生活的城镇化：生活观念、生活方式、生活水平。

当然，在某种意义上说，大梨树村的城镇化规模还比较小，对周边农村的带动作用还不直接，在某些地方也许还不够完善，这是需要继续努力的。但是，大梨树村的城镇化道路是一种可贵的探索，这值得称赞。

第六节
农村发展的资金筹措

资金是农村发展经济的关键，也是最挠头的问题，没钱一切都无从谈起。

农村解决资金问题基本依靠三个途径。一是依靠国家：贷款、拨款、投资；二是依靠社会：招商引资、集资、合作、股份、赞助；三是依靠自己：创收与节支。

依靠国家这一块一般民众可能忽视，总认为国家也没拨钱来呀！其实，国家为新农村的建设已经投入了大量的资金，这表现在：取消了传统的皇粮国税，即农业特产税和农业税，国家不要钱就是给了钱；实行粮食生产补贴政策，不但不收税还给补贴；国家每年都对农村的教育、文化、医疗卫生增加投资；增加对农业和农村基础设施建设的投资。这些隐形的投资是巨大的，不应忽视。

至于贷款，金融机构对农村的支持不如对城市的支持。农村的一、二、三产业的社会总产值约占全国总产值的一半，也就是说，农村农业所创造的社会价值与城市相比，基本是旗鼓相当，但农村和农业所得到的贷款只占全国贷款总份额的十分之一，也就是说，国家的贷款基本都给了城市。为什么会出现这样的情况，除了指导思想之外，大概需要在金融的运作机制上做些调整，把金融的支持向农村和农业上转移一下。哪怕贷款份额再提高十个百分点，就等于翻了一番，新农村的建设就会出现很大的改观。

社会上有一些很不负责任的传说：说大梨树村的发展完全是上级拿钱堆起来的。我曾亲自听到过两个传说。一个是凤城的一个普通老百姓对我说：大梨树村发展这么快，人家都说是中央有一个大干部“文化大革命”期间受迫害，跑到大梨树村躲起来，毛丰美给了很多帮助，后来那个大干部又起来了，为了报恩，批给了大梨树村很多钱，大梨树这才发展起来。这是天大的笑话。“文化大革命”期间，毛丰美只是区区赤脚兽医，不到30岁，他哪有胆子和能力去保护那个大干部呢？还有一个传说是一个游客说的：外边传说大梨树村发展成这样，省里某位省长并不满意。省里给了大梨树村好几个亿，若给别的村，建三个大梨树也用不了。这完全是无稽之谈，哪里的省长有权给这么多钱？不知出于什么心理，闹出这么多奇谈怪论。我并没有专门就这个问题做调查，但据我所知，大梨树村的确得到过省里的款项，有些是投资某一个建设项目，还有一些是补贴，比如大梨树村改造荒山修建水平梯田，最先的那10000亩完全是自己干出来的，没人给任何补贴，因为国家并不知道。最后那600亩水平梯田建设，是在国土资源部的启发下干出来的，国家给了1200万元补贴。这是最多的一次，也是仅有的一次。这类款项只占大梨树村投资很小的一部分。绝大多数是大梨树村自己想办法解决的，因此大梨树村还欠了不少钱，每年都要还一些。

大梨树村筹措资金的基本办法是集资。大梨树村最初挺进凤城创业的时候，靠的就是向社会筹集资金。那些资金每年仅支付利息就需要数百万元。后来在发展五味子生产的时候，实行了合作制，即向社会征集合作对象，由合作对象投资建五味子农场，收益后分红，带有股份制性质的合作经济。新的五味子农场投资了上千万元，没等五味子结果，五味子的市场发生突变，不得不把新建的五味子农场停下来。大梨树村想方设法把合作集资的那些钱还了回去，只是无法给利息了。那些投资者能拿回本金也算心满意足了。

在凤城市，有一个很有名气的村庄，以家庭联产承包、发家致富闻名，它的村党支部书记是省内赫赫有名的劳动模范，电视、报纸没少宣传，甚至排成了舞台话剧到北京演出过。

但在发展集体经济时，由于缺乏资金，搞了非法集资，造成重大损失，这位村支书身败名裂了，实在遗憾。这是筹集资金方法不当造成的。

农村的股份制本质上是把集体资产名义上私人占有。当年是土地分散到户，家庭联产承包，调动了农民生产的积极性。现在，农村的股份制把集体资产的所有权变为个人的股权，因而所有权由集中变分散，由隐形变显形，由间接变直接，由名义上的占有变为实际的拥有，切身感增强了，关切度提升了，因而参与管理的欲望也增强了，发展经济的积极性进一步调动起来了。这对于农村的经济建设、民生建设、民主政治建设都是非常有积极意义的。

股份制是集体经济发展的方向。但股份制需要一定的条件，并非任何地方都可以。一方面是集体经济具有相当的实力，集体资产积累到相当的程度；另一方面是村一级具有相应的管理能力，村民具有相应的心理承受能力。没有这些主客观条件，难以承受股份制的波折。

在中国，据我所知，那些经济发达、实力雄厚的农村，比如华西村、沈泉庄都实行了股份制，运行得很好，对于经济的发展和村民生活的提升，起了很大的作用。

新农村建设在资金问题上要克服“等、靠、要”的思想。“等、靠、要”是计划经济年代吃“大锅饭”留下的旧习惯。在改革开放，发展市场经济的今天，最重要的是自己的问题自己解决。解决的办法就是向改革开放寻出路，向市场经济要效益。要发挥自己的主观能动作用，调动发展的积极性，踏踏实实地探索、创造。克服畏难情绪，克服保守思想。“以工促农，以城带乡”是在经济的发展方式上充分利用工业和城市的发展优势，而不是由工业和城市出钱来建设新农村。工业提供的是发展的机遇，创办新产业。城市提供的是市场，为农业广开财路，并不是包办代替。中央和各级政府的支持只是发展的条件，而主观努力才是发展的根据，所以，解决资金问题的最重要办法是自己的努力。

社会主义新农村建设需要大量资金，这资金是要不来、等不来的。新农村建设就是创造资金的大好机遇，大梨树村挺进凤城创业，村外挣钱村内花，就是利用了这样的机遇。同时，新农村建设也是吸引资金的大好机遇，利用外来资金发展经济，把新农村建设起来。必须创造、寻找、利用好这样的机遇。

在新农村建设资金的筹措上，应该看到一个新趋势：在工业化和城市化的发展过程中，农业实实在在地支援了工业和城市，土地资源的转让就是一大明证。因此，新农村建设要在土地资源上做好文章，利用必须转让的土地筹措新农村建设的资金。有些非农用地应该争取由农村自主开发，效益直接留在农村。这比把土地转让给政府或企业要划算得多。比如，建设在大梨树村的凤城工业开发园区，如果有一部分由大梨树村开发建设，然后将厂房出租出售给企业，效益便不会外流，而由村里独享了。这也许是一个好办法。

在新农村建设资金的筹措上，有一个很实际的措施，那就是吸引外来投资。社会主义新农村建设对于投资者来说是一个非常好的机遇。新农村建设遍地开花，到处都需要投资；新农村建设是一个长期的工程，什么时候都需要投资。到农村投资，一是项目多，好选择，可以是生产性的投资，也可以是社会服务性的投资。其中农副产品的精深加工就是很有潜力的项目。二是投资规模可大可小，农村特别适合中小企业创业。三是农村劳动力好解决，而且成本较低。四是在农村投资，有些项目还可以享受一定的待遇，比如在农村建设养老设施，办养老机构。吸引外来投资是解决新农村建设资金的好办法。

对于国家资助给农村的钱一定要建立一定的机制来控制和规范。国家投入农村的钱不是给某些行政部门或领导者搞政绩的，一定要落在农村的实处，要有针对性，要解决农村的实际问题，更要有效的监督。有些时候，有些地方，国家的钱投下去了，却不一定花在预定的项目上。在预定的项目上花一点，做个样子，虚晃一枪，大部分却挪作他用了。比如，有的村庄把投给村民文化活动场所的钱挪去盖村委会大楼了，只划出一个小地方算是群众文化活动场所。对这些问题的监督不能空喊，不要只听汇报，一定要深入群众，一定要实地查看，一定要眼见为实，一定要刨根问底。这是为群众负责，也是为国家负责。

大梨树村在这方面有一定的进展。比如玉米的制种基地、五味子酒的生产、水果罐头生产等，都是外来投资兴建的，属于农副产品的生产和加工产业。但也有一些投资是纯工业生产，与当地的农业生产毫无关系，比如碳素厂、灯泡厂，当地并没有这方面的资源，又是耗能大户，而且还污染空气和水，对大梨树村没有直接的效益，大梨树村只得到一些征地的资金，却在管理上增加了负担，有些得不偿失。

第七节
防止农民收入的两极分化

单纯从分配的角度看，一般农村的集体经济不容易产生收入的两极分化，这是按劳取酬的分配原则和分配方式所决定的。可能产生两极分化的根源在于村民的自主经济活动。在改革开放初期，为了解除农民的顾虑，调动农民的积极性，喊出了“共产党员和干部带头，让一部分人先富起来”的口号，这对解放思想、促进改革、发展经济起到了很大的调动激励作用。

一部分农民靠自己的智慧和力量首先富裕起来，发挥了榜样的作用，带动民众走上了脱贫致富的道路。这是主流。但在这个过程中，少部分基层干部为了个人致富，侵占集体资财，侵害村民利益。还有少数干部只顾个人发家致富，置广大村民于不顾。也还有少数干部在发家致富后追求腐朽的生活方式，堕落成与共产党员身份格格不入的腐败分子。这损害了民众的利益，给党的形象抹了黑，给党的政策抹了黑。这些人与大多数农民在收入上产生了强烈的反差，成为村民中的特殊阶层。

真正造成收入两极分化的可能，在于个人和家庭自主经营的活动中。有些个人，经营能力很强，或者有一定的特殊关系，或者有特殊的机遇，或者采取了不正当的手段，创建了非凡的产业，逐渐成为超群的致富大户。他们与广大村民形成了鲜明的对比。广大村民并非贫困，在辽东地区绝对的贫困户是极个别的，大多是相对的贫困。这种收入上的巨大差异可能逐渐成为社会问题，形成两个对立的社会阶层。这违背了社会主义新农村建设的初衷。

农村的贫富两极分化除了造成心理上的影响外，主要的问题是容易产生富裕阶层对相对贫困阶层利益的盘剥。相对贫困的家庭只能靠为富裕家庭打工生存，失去了自己发展的动力和能力，造成永久的相对贫困。当然，在社会生活中，也会产生一些摩擦和不和谐。贫富分化容易使社会回到阶级对立的状态中，走了回头路。

目前，不再是鼓励一部分人先富起来，而是提倡广大民众都富裕起来，共同富裕。富裕程度肯定会有差别，但不应形成巨大的差别，这样才能建设真正的和谐社会。贫富差别扩大，这是个潜在的社会问题，现在就应该防患于未然。

这样的问题在农村的领导机关和政策制定者的心目中，还没有引起重视。防止或解决这类问题，农村基层无能为力，是上层领导机关的职责。

解决贫富差距，防止两极分化，不是搞平均主义，更不是杀富济贫，而是共同富裕。广大农民的富裕是中国建设小康社会的重点和难点，是中国实现现代化的关键环节。

首先，防止和消除贫富差距的根本措施是提高农民的素质，让农民掌握相应的生产和经营技能，增强发展的欲望，具备发展的能力。这是农民自主地位的基本体现。

其次，为农民的发展提供一定的条件，用政策的手段把相对贫苦的阶层扶持起来，让他们尽快走上富裕的道路。这是政府主导作用的体现。

此外，在尊重市场经济规律的前提下，创造一定的保障机制，让在各种经济实体中从事生产劳动的农民得到“按劳付酬”的保障，减少或免受盘剥。这需要健全的法治建设。

消除贫富差距，让绝大多数的民众都富裕起来，形成壮大的中产阶级，这也许就是我们现代化建设的根本目标。我国的中产阶级所占比重很低，只占10%左右，是社会的“少数派”，与发达的国家还有很大的距离。中国相对贫困的阶层人数比重还很大，不会很快进入中产阶级的社会。也许到小康社会建成的时候，中国便接近中产阶级占多数的现代社会了。现代社会是中产阶级的社会，社会成员以比较富裕的中产阶级为主体，体现的是中产阶级的意愿。中产阶级是社会的主流价值的代表，是推动社会进步的主要力量。中产阶级不仅是收入的增加、积累的财富达到一定程度，更主要的是自我认同和价值观的进步，对社会公共服务需求的增长和社会参与程度的增强。如果说英国的资产阶级革命主要体现在工业化上的话，那么法国的资产阶级革命主要体现在对自由、平等、博爱的追求上。这是对人的基本权利的尊重和倡导，通过人的基本权利的实现，来激发人的创造力和生产力，真正和充分实现社会生产力第一要素的社会价值，促进社会进步。资产阶级革命由经济物质层面提升到精神文化层面，这是社会的重大进步，也是必然的历史进程。中国特色的社会主义建设必须通过经济发展和法治建设来弥补这一进程。这在某种意义上说，是一场社会变革。在现代社会，特殊富裕和特殊贫困阶层都是少数，他们都相对于中产阶级而存在。相对富裕的阶层用自己的财富来发展社会生产力，用社会善举来分散自己的财富，相对贫困阶层通过自己的劳动和接受社会的赞助来平衡相对贫困，用这样的举措来调整这个社会。我们现在的努力就是消除社会的贫富差距，促进社会成员的共同富裕，以此来发育壮大中产阶级，建成中产阶级的现代社会。在大梨树这样的农村，贫富差距并不明显，但在有些经济不甚发达的地区，贫富差别还是很大的，不可忽视这样的问题。社会主义新农村建设既是努力消除贫富差距，保证农民收入持续增长，发展农村中产阶级的重大措施，也是把发展壮大农村中产阶级作为奋斗的目标。

第八节
新常态的新农村建设

党的十八大以后，我国的社会主义现代化建设开始进入新常态的发展时期。这是具有历史意义的转折和发展。这之前的发展建设不妨称为旧常态。旧常态追求的是看得见的发展，新常态追求的是实质的发展；旧常态靠的是热情，新常态靠的是理性；旧常态是数量级别的发展，新常态是质量级别的发展；旧常态讲的是发展的多少，新常态讲的是发展的好坏。旧常态与新常态在建设的内容和方式上都有调整。在发展方式上，新常态由过去的依靠投资来发展经济，转向依靠消费来拉动经济的发展。在产业结构上，新常态由过去片面发展耗能高、污染大、技术含量低的产业，转向现代化程度高的产业，实现供给侧结构性改革。在管理上，新常态由过去的分权式的改革转向集权式的改革，防止既得利益集团的阻挠和反对。这是一个把权力从既得利益集团手中夺回来，然后还给基层和民众的过程。在这里，集权只是手段而不是目的。这种权力的转移增强了改革的活力。这是发挥社会主义制度优越性的措施。这是旧常态转化为新常态的基本途径，标志着我国的社会主义建设开始由脱贫致富进入到小康社会建设的冲刺阶段。这是划时代的进步，这是具有历史意义的发展。

新常态条件下的社会主义新农村建设是一个新课题。

一、新常态的社会主义新农村建设是在全面深化改革，全面依法治国，全面转变政府职能条件下的农村发展建设

这种社会环境和条件的变化，促使新农村建设必须尽快与之适应。这主要是增强自主发展意识，不依赖外部的帮助，不依赖特殊的机遇；依章循规行事，增强长远发展意识，克服只顾眼前的盲目性和片面性。在注重战术行为的同时，增强战略意识。

二、增强科学态度，更加实事求是

新常态的发展建设最核心的机制是实事求是，一切都要遵循客观规律行事。克服主观主义，克服唯心主义，克服贪大、求快、攀高的盲目性。因地制宜和脚踏实地是实践的基本准则。只有坚持实事求是，才能顺利、高效、坚实地建设社会主义新农村，实现建成小康社会，振兴中华的中国梦。

三、把新农村的发展建设建立在充分发挥主观能动作用和充分进行合作共赢的基础上

新农村的发展建设，既不孤军奋战，也不完全依赖外界；不排斥外部的帮助，但必须着眼于自身能力的发掘和培养，不要过多依赖外界的帮助。农村与外部的关系必须从求助向合作转变。

四、社会主义新农村的建设应该致力于人的素质的提高和能力的发挥

在不断提高生活水平的同时，努力提高人的思想文化素质，增强人

的实际能力，最大限度地实现人的价值。以人为本就是从人的基本需求出发，保障人的基本权利，保障人的能力的充分发挥，实现人的真正价值。以人为本不是简单地惠民，不是只解决具体的困难问题，而是以服务的姿态，在根本上满足民众的需求。

五、建立新常态下的新思维

新常态的新农村建设必须掌握新的思维方式。在现代生活中、在现代的社会实践里，存在着结构思维和运动思维两种方式。结构思维是从构成的角度来认识局部与整体、局部与局部的关系，进而明确结构的整合。在大的范围内，可以表现为纵向结构和横向结构以及辐射结构。运动结构是掌握事物的发展过程和规律，在突变和常态变化中把控运动的序与度。序：方向、秩序；度：节奏、速度。如果用结构思维来认识农业、农村、农民的发展提高与新农村建设，就容易把握得多。如果用运动思维来认识新农村建设，则主动得多。

六、创新与发展依然是新常态的重点，需要坚持不懈地探索和奋斗

进入新常态的新农村建设，必须继续坚持解放思想，坚持艰苦奋斗，坚持改革开放，坚持科学发展，进而全面深化改革，形成自身发展建设的新常态。坚持创新与发展是在新的基础上的创新与发展，多一些理性，少一些盲目性；多一些自信，少一些迷信；多一些清醒，少一些迷茫；多一些自主，少一些依赖。

总之，社会主义新农村建设新常态的核心内容和本质特征应该是协调发展。协调发展具有复杂的概念和方式。既要创新开拓，又要严格地遵循客观规律，实现科学发展；既要发展的速度，又要发展的质量，在

实现发展质量的前提下追求发展的速度；既要发展，又要保护，保护资源，保护环境，保护劳动者的积极性、创造性，保护劳动者的权益，保护优秀的文化传统，在发展中保护，在保护中发展；既要物质的成果，又要精神的成果，切实实现物质文明建设与精神文明建设双丰收。社会主义新农村建设的新常态是在协调发展的理性中实事求是推进的。

我在大梨树村已经居住12年了，目睹了大梨树村几乎三分之一的发展建设历程，有了很多的体会和思考。在进入新常态发展时期的时候，建议大梨树村根据党的十八大以来的新精神，做一些新的安排。

第一，在全面总结大梨树村发展建设的经验教训的基础上，进一步厘清大梨树村的发展思路。应该勇于面对问题，在继续发扬优良传统上下功夫，同时认真研究存在的问题，有针对性地研究改进的方向。

第二，在明确方向、提高认识的基础上，重新规划大梨树村的发展建设。针对过去的问题，针对新情况下的新要求，进一步完善社会主义新农村建设。这样的规划不是拾遗补缺，而是新的布局、新的开始。

第三，在新常态下，大梨树村的领导班子应该继续在“干”字精神的指引下，继承“苦干实干巧干，干出一片新天地”的英雄气魄和实事求是的精神，发扬老书记毛丰美密切联系群众、踏踏实实的工作作风，同大梨树村民一起，把大梨树村的发展建设推向新的高峰。

我坚定地相信，大梨树村在社会主义新农村的建设上，一定能取得超越性的新成就，一定能使大梨树的村民过上比城里人还好的日子。老书记毛丰美的这一理想，一定能在大梨树村新的领导班子的带领下实现，展现大梨树村在新常态下的新辉煌。

从旧常态向新常态的转变是一次蜕变，是一次发展，甚至是一次自我的否定之否定。这样的发展是建立在辩证唯物主义坚实基础上的。

第六章 展 望

小康社会是介于传统社会与现代社会之间的社会发展形态，是温饱与富裕的中间状态，是全面、整体、基本解决了温饱问题，尚未完全达到富裕发达的发展中的状态。小康社会并非终极的奋斗目标，只是发达的现代社会实现前的阶段性目标。在小康状态，农业、农村、农民的现代化尚未彻底完成。社会主义新农村建设的过程就是我国农业、农村、农民现代化的过程。小康农村的建设是社会主义新农村建设重要的阶段性目标，而非终极目标。

第一节
农业的发展

传统农业大国的中国，在新中国成立后农业的发展经历了自给自足小生产的自然经济、大锅饭时代的集体经济、解决温饱问题的家庭经济、努力求发展的新集体经济，这样一个波折起伏的发展历程。艰辛的历程给中国农村的发展，给中国农民的生活带来了很多磨砺，同时也带来了无限希望。

当前，农村的产业结构还在变动之中，经济的发展方式还在探索和调整之中。农村依靠工业化来发展经济这第一波已经告一段落，成效显著，既有经验，也有教训。第三产业的发展将是农村经济发展的第二波，现在这种趋势正在酝酿之中，尚未成为普遍的现实。农业的进一步发展也许会是农村经济发展的第三波，这种趋势也在酝酿之中，也许在某些地区这是农村经济发展的第二波。先依靠第二产业，再依靠第三产业，然后依靠第一产业来发展农村的经济，这也许是现在条件下农村经济发展的总体趋势。

依据以上判断，现在应该比较深入地展望一下农业的发展趋势，至少是辽宁地区的农业发展趋势。

现在，农村出现了三个新情况：农业副业化、农村空心化、农民业余化。

农业副业化说的是在广大农村里农业已经成为副业，村里主要依靠发展工业和社会服务业来发展经济。主要精力不在土地上，而在其他产业上，只用很少的精力来打理农业。主业是其他，农业是副业。

农村空心化说的是有些地区，由于主要劳动力都外出打工或创业，村里只剩些老弱病残，对付着种些田地，村庄实际上已经虚化了。这种情况在辽宁地区还不多见。但是在辽宁，在经济比较好的地区，农村在本质上已经不是农村了。这样的农村已经没有了农村的经济基础和社会氛围，经济的主要来源不是农业，村民从事的也不是农业劳动，生活环境和条件，生活理念和水准都不是过去的农村了，文化氛围也与过去大不相同了。这样的农村实际是城镇，在这个意义上说，这样的农村已经只有其名而无其实了。

农民业余化说的是好多地区的农民仅仅在业余时间进行农业生产，主要的劳动时间在工厂里打工，或者从事其他来钱快、来钱直接的劳动，或者主要精力花费在农业生产的延续上，精深加工、中介销售上。这一方面是农业生产的产出较低、经济效益差、农民的主要精力不放在农业生产上。另一方面是由于技术的进步，无需在农业生产上投入太多的劳动，剩余劳动力和剩余劳动时间增加了，只得另寻出路。更主要的是农业生产的产业链条已经从耕作为主延伸到加工与销售环节，直接与第二产业的加工和第三产业的流通融为一体了。农民的真正身份可能是工人，可能是商人，也可能是管理者，只在业余时间做一做农民。

这种新情况对农业的发展产生了既有利又不利的新情况。

一方面，农业生产被边缘化，农业在某些地区置于可有可无和不置可否的境地。以至于我国的农业生产，尤其粮食生产的形势十分严峻。粮食增产幅度逐年减小；农业的生产环境问题日趋突出，制约了农业乃至国民经济的发展；资源减少，耕地、草场萎缩，土地沙化，农田污染，水资源短缺；自然灾害严重，旱、涝、风、虫不时发生，影响农业产出。此外，由于农业的投入比较大，生产效益低，影响了农民经营农业生产的积极性，同时农产品由于价格高而缺乏与外国同类产品的竞争能力。

另一方面，这种新情况为农业的发展提供了新的条件，经过艰苦的努力将使我国的农业在新的环境下，求得本质的发展。这主要是改进资源情况，在土地、山林、草场的保护上加大投入，获得数量和质量的提升；加快和加大农业资源的整合以及生产经营流程科学化的力度，求得农业产业在本质上的发展，实现农业现代化。

中国农业现代化通过农业的产业化才可能实现。产业化是中国农业现代化的基本途径，或者说，产业化是中国农业现代化的载体。在资源的占有制度和方式上，在生产关系的构建上，必须体现出产业化的要求，否则农业现代化无从谈起。

农业产业化是中国农业发展的现实问题。对于农业产业化的诠释可能多种多样，我理解主要在于两点：一是横向的资源整合，一是纵向的经营整合。

一是横向的资源整合。

这是指农业的生产资料，如土地、草场、林地、牲畜以及重要的加工设备，按规模化和专业化的方向进行整合。把散在各个家庭的生产资料，通过股份公司、专业合作社、专业农场等方式集中起来，也可以通过收购或租赁集中在专业大户手中，形成较大的生产经营规模，进行专业化的生产或加工。用这种办法把散在或闲置的资源开发利用起来，可以减少生产成本，便于采用新技术、新工艺，更便于整体把握市场，增强市场竞争力，产生更大的效益。

联产承包的家庭经济以及在家庭经济基础上产生的新的集体经济，在生产关系的变革上并不彻底。家庭承包基本还是个体经济。新的集体经济虽然已经基本打破了家庭经济单打独做的局面。但在联产承包基础上发展的新集体经济发育得还不够完善，制度不健全，机制不成熟，生产力没有完全发挥出来。新集体经济还没有独霸天下，集体经济与家庭经济的协作机制没有完善。彻底的产业化首先是生产规模的扩大。扩大生产规模可以在集体经济的基础上完成，也可以在承包大户的基础上完成。承包大户通过合作或入股的方式进一步扩大，实际上形成了合作性质的生产关系，这也应该被视为集体经济的一种实现方式。不一定是大梨树村这样以村委会为主导的集体经济。只有生产规模的扩大，才是产业化的基础，是首要条件，进而实现专业化、市场化、社会化以及科技含量的提高。

二是纵向的经营整合。

这是指在生产经营的过程中，实现生产、加工、销售一体化、链条化。把产出的原材料进一步加工，成为可以直接应用的商品，进而直接销售出去。在一个生产实体中完成原材料生产、产品加工、商品出售的全过程，形成系列化、一体化。把农业生产延伸到加工、销售环节中去，形成一个整体，掌控全过程。这实际是一个企业的行为。这种整合把第一产业的农业与第二产业的加工业以及第三产业的商贸服务业，统一在一个经济体里。如果说横向整合是外在的产业化的形式，那么这种纵向整合就是内在的产业化本质。

经营方式的整合，不会是一个统一的模式。它可能重点不一，成熟程度不一，多种多样的。比如，重点在生产原材料，附带搞些加工，或者外委加工、外委销售，与其他企业或中介公司合作，这是初级的产业化。还比如，在生产原材料的基础上，重在加工，把自己生产的原材料和外购的原材料以及接受委托的原材料，进行加工，然后销售。加工是重点。这是产业化的中级阶段。再比如，虽然自己生产原材料，进行加工，但重点在销售，不仅销售自己的产品，还转售别人的产品，销售的收入大于生产和加工的收入，这是产业化的高级阶段。这些既是产业化发展的不同阶段，也是实现产业化的不同类型，各有特点，各有适应条件，各有不同的效益。经营方式的纵向整合，核心是农业向企业化经营的方向转变，即用工业的理念来管理经营农业。农业的企业化就是把农业生产的全过程，包括加工和销售，形成企业一样的社会性的经济组织。在纵向的经营整合中，新的经营方式，特别是与信息化、网络化相关的新技术、新形式将很快、很普遍地被采用，这为农业的现代化赋予了新的色彩和新的发展途径。

农业的横向资源整合和纵向的经营整合将大大地向社会化的大生产迈进。这是农业发展的远景和根本的出路。农业的社会化大生产就是农业生产进一步规模化和组织化，把生产资料和劳动力集中起来，在专业化的分工中加强联系，形成一个不可分割的整体。这样的农业生产活动在组织、运行上与工业生产活动同在社会化的大生产环境之中，其组织体制、运作机制、经营方式，与工业企业基本一样，这就是工业与农业本质差别的消除。

横向的资源整合和纵向的经营整合就是农业现代化的过程。

农业产业化的作用在于：

第一，有利于解决当前农业副业化、农村空心化、农民业余化的问题，把农业推向科学、快速、健康的发展轨道。

第二，把濒于衰退的农业产业挽救回来，焕发生机与活力，使之在原来的基础上大大地向前迈进一步。

第三，农业产业化把经营体系、产业体系、物质装备体系、社会保障体系融于一身，为经济结构调整和经济增长方式转变提供了实践依据。

第四，在农业产业化的过程中，将造就新一代中国农民。新农民的突出特点是职业化。他既是生产资料的所有者，又是生产经营活动的管理者，某种意义上还是劳动者。

第五，农业产业化把第一产业、第二产业和第三产业连接起来，缩小了农业与工业的差距，模糊了农业与工业的界限。

我国的农业正在探索中国特色新型农业现代化道路。这是从中国的国情出发，符合中国的实际，具有时代特色，紧跟世界农业发展新理念、新趋势的发展道路。实现资源的横向整合和经营的纵向整合，实现农业产业化就是走中国特色新型农业现代化道路的方式之一，或者说是主要的方式。

未来世界农业的发展呈现出资本替代劳动和知识替代资源两大途径上。这是新课题，对中国农业的发展将会有新的启发和借鉴。

当前，我国正处于供给侧结构性改革，建立经济发展新常态的特殊阶段。这是在经济取得飞速发展，各种矛盾凸显的关键时刻所采取的调整措施，并为经济的进一步发展建立新的准备。供给侧结构性改革就是在生产领域进行优化组合。供给侧结构性改革在农村，主要解决前一阶段农村大力发展工业所带来的产能过剩，库存过剩的问题，针对的是钢铁产业、水泥建材产业、煤炭产业等。这在一部分经济曾经很发达的地区是一个十分沉重的压力。有的甚至是毁灭性的灾难。进行供给侧结构性改革的同时，依然需要在需求侧结构性改革上下些功夫，供给侧结构性改革与需求侧结构性改革统筹运作，防止出现盲目性片面化的失误。而对农业生产而言，供给侧结构性改革就是进行横向的资源整合和纵向的经营整合，从空间结构与时间结构两个角度理顺各个方面的关系，科学地组织生产经营活动。

辽宁的农业生产与全国其他地区相比有自己的特殊性。辽宁是一个工业发达、城市密集的地区，工业经济的比重很大。这与以农业经济为主的地区不同，如吉林、黑龙江、河南；也与以商业经济为主的地区不同，如东南沿海地区；更与经济尚不完全发达的西部地区不同。辽宁地区农业的发展必须探索出与众不同的发展道路和方式。辽宁农业的发展要从依赖城市和工业的带动，转为面向城市和工业的市场，与城市和工业形成联动关系，达到城乡协调发展的目的。这主要是农村为城市服务，为工业生产服务，为城市人口服务，融于城市和工业的发展之中，发挥农业的特殊作用；把工业向农村延伸，改变农村地区的经济结构，发挥农村的资源优势和区位优势，充分利用农村的剩余劳动力和剩余劳动时间；就地进行农产品的工业加工，增加农产品的附加值。认识辽宁地区农业生产的特殊性，利用这种特殊性是发展辽宁农业的方向。

对照一下大梨树村近几年农业的发展，在现代化农业的建设上有过探索，取得了一些成绩，也有一定的教训。

大梨树村的水果生产由村集体的果树农场经营，占地10600亩，产量大，品质好，通过生态旅游产业渠道销售，供求稳定，信誉度极高，创造了很好的经济效益。这种通过生态旅游渠道完成销售的方式，既完成了水果的销售，又丰富了生态旅游的内容，两者结成共同体，互动共赢，实现了横向的资源整合和纵向的经营整合，是一个成功的范例。

大梨树村的五味子生产曾经辉煌过，为大梨树村的发展建设做出过巨大的贡献。但是，由于发展的思路不够明确，由于应对市场的能力不够强，因而失败了。大梨树村曾经是全国最大的五味子生产基地，号称5000亩，产品几乎全都出口到韩国。最高的年份创造了3100万元的收入。大梨树村的五味子生产是村集体五味子农场的产业。大梨树村的五味子生产把辽东地区全带动起来了。在此形势下，大梨树村发起成立了辽宁五味子协会。但这五味子协会仅仅是群众性的组织，不是经济组织。而且五味子仅仅停留在原材料的生产上，没有考虑深加工。五味子的销售完全依靠向韩国出口，没有考虑国内市场建设。向韩国出口也仅仅依靠一个姓金的国内朝鲜族人，没有建设其他的出口渠道。对此，大梨树村没有警觉，又通过集资的办法组建了五味子生产合作社，在临近乡镇租地5000亩，大力发展五味子生产。没有在内涵扩大再生产上下功夫，而是盲目地搞外延扩大再生产。结果，韩国市场发生变故，国内市场发育不那么成熟，特别是没有在五味子的深加工和功能扩展上下功夫，五味子产业几乎崩盘了。大梨树村的五味子生产只进行了资源的横向整合，缺乏纵向的经营整合，停留在生产原材料的阶段，这是失败的根本原因。经过这场挫折，大梨树村的五味子生产平静了下来，但没有销声匿迹，而是从头再来。集体经营的五味子农场和五味子生产合作社没有了，但家庭经营的五味子生产还有。原来的整体规模没有了，但散在的规模还有，虽然减少了许多，相对于其他地区还是比较大的。好多五味子种植专业户在生产五味子的同时，开始了五味子销售中介经纪人的尝试，把散在的五味子专业户联系在一起，形成了不很严谨的产销链，谨慎地应对市场的波动，继续着五味子产业。五味子的深加工也以初级形式进行着，大梨树的五味子酒出现了，进入了大梨树生态旅游的市场，销售还算理想。这也许是未来中国五味子大发展的基础。随着时间的推移，随着市场需求的增加，大梨树村的五味子生产会走上资源横向整合和经营纵向整合的发展道路，重新开始曾经的辉煌，把五味子产业推向发展的顶峰。

同样，大梨树村的钛铁生产也曾经辉煌过，每年都为大梨树村带来3000万元左右的收益，有力地支持了大梨树村的发展和建设，弥补了五味子的损失，找到了新的发展方向。但在钛铁产业的发展上，大梨树村对市场的把握不够准确，特别是对长期的走向过于乐观，结果发展过快，投入过大，过于集中，最后由于市场动荡，一蹶不振了。大梨树村的钛铁产业正属于供给侧结构性改革的范畴，只能痛下决心，壮士断腕了。

如果展望一下大梨树村的农业发展，除了五味子的生产需要实现横向和纵向两个整合外，大梨树村的板栗产业、柞蚕产业、树苗产业都需要进行这样的整合，以形成合作性质的集体经济，或者产品行业协会的社会服务系统，或者种植大户的私人个体经济，形成规模和专业优势，实现产业化。当然，由于规模原因，大梨树村的某些产业也许需要与邻近的村庄联合起来实现产业化。未来的大梨树村的集体经济大树，可能会长出五味子、板栗、柞蚕、苗木的几个粗壮的新树枝，壮大集体经济这棵大树。这种发展符合中国特色新型农业现代化的发展趋势。

在凤城，有一个桃李村，在家庭承包的基础上，板栗的生产发展很快，形成了相当的产量规模，通过村集体向日本出口，效益比较好。是凤城市著名的富裕村，人均年收入曾经长期领先于大梨树村。但它缺乏横向的资源整合，依然以家庭为单位进行生产，没有规模效应，不利于采用新的科技措施，难以实现效益最大化，难以应对市场变化。也没有进行纵向的经营整合，没有实现深加工，完全是原材料生产，失去了附加值。近几年，桃李村的人均年收入已经大大落后于大梨树村了。如果桃李村通过建立板栗生产合作社，或者板栗行业协会，实行集约化生产，形成整体规模，建立健全加工和销售体系，桃李村的板栗生产一定会健康顺利地发展下去，村民的收入一定会稳步地提高。目前，桃李村这样落后的生产方式在我国农村是比较普遍的。

近几年，发展县域经济成为农业地区经济发展的工作重点。很多地区靠招商引资发展工业，大搞房地产开发，通过城市化来带动县域经济的发展。这未尝不可。但是，真正的县域经济应该是农业经济，或者说应该是以农业为基础的全面的经济发展，不可把农业的发展排斥在外。农业是县域经济的根本。诚然，农业发展资金周转慢，见效慢，而发展工业企业和房地产见效快，但农业经济是县域经济的核心、基础，否则就是本末倒置。现在，县域经济发展的着力点已经逐渐明确为发展农业，在农业的规模化、专业化和精深加工上下功夫，实现产业化。县域经济的工业化和城市化措施应当为农业经济的发展提供条件和服务，而不是“两层皮”式的发展。

在现代农业发展上，还有一个不可忽略的问题，那就是实现农业经济良性循环。农业经济的良性循环有两个内容，一是同整个国民经济的良性互动，一是农业经济自身的良性循环。从农业现代化的意义上说，农业自身的良性循环应是探索的重点。这主要是：

第一，产业结构还不稳定，种植业的发展速度和幅度均不理想，规模化和专业化程度远远不够；乡村的工业发展极不均衡，且多数是现得利型的，在能源损耗、环境污染等问题上遇到了难以克服的困难，无法应对市场的波动；公共服务业的发展刚刚起步，尚未进入正常状态，远远没有形成气候。

第二，农业发展方式的改变正在探索中，资源整合尚未形成普遍活动，生产活动的延续也未成熟，缺乏整体的发展。这有个认识和实践过程。

第三，土地、山林、草场等资源流失，被占用，或者承包不稳定，只能应付，做简单的生产安排，难以长远打算，影响了规模化和专业化的进程；而且土地资源的质量正在日趋下降，也是个潜在的危机。

第四，劳动力流动，职业的农民急剧减少，农民老龄化明显，新农民的补充和成长没有形成趋势，制约了农业的长远发展。

第五，城乡协调发展尚未形成常态。农村缺乏主动精神，城市也过于被动，机制不健全，方式不成熟。

循环经济是经济发展的一种方式，或者说是一种形态。循环经济是把传统的线型运行的经济，转变为资源不断再生、利用的环型经济。循环经济不仅是一种经济运行的方式，不仅是技术性的问题，更是经济建设和经济发展的一种认识论和方法论，是一种现代经济的基本原则，一种新的价值观。

基于这样的思考，农业的循环经济发展必须遵循这样一些认识：

首先，农业的循环经济不能局限在农业自身，要与加工业、社会服务业一起来安排。

其次，农业的循环经济不能局限在农村自身，要在一定地域内，在一定社会范围内来规划和安排。

再次，农业的循环经济的基础资源不仅是土地等生产资料，还应考虑资金的投入、劳动力的投入、科学技术的投入等因素。

另外，农业循环经济的效应并非仅仅是资源的保护和利用，更重要的是它的社会效应，尤其是作用于农业生产者的效应。这不仅是增加农民的收入，还有提高农民素质能力、发挥主观能动作用的问题。

总之，农业的循环经济既是一个技术层面的小概念，也是一个社会性的大概念。农业循环经济不局限于农业，不局限于农村，不局限于农业生产者。它应该是中国全局循环经济的重要组成部分。它的建设与形成是在全局性大范围的联动中完成的，只不过农业的循环经济要有自身的积极动作，要有自身具体的实现方式。

在农业的发展上，我国面临着一个不可忽视的问题，即农业资源的重新整合。这是生产关系的进一步变革，这也是发展现代农业无法回避的关键问题，这还是世界农业发展的基本趋势。我国提出的走中国特色新型农业现代化道路的基本出发点也在于此。

农业资源的重新整合，基本有这样几个方式：一是在家庭承包经营的基础上，吸纳别家的土地，形成规模，成为专业大户，但本质是私营经济。二是组成生产合作社，土地入股，资金入股，某些生产资料入股，形成规模，进行专业化的生产，这是合作性质的集体经济。三是以村为单位，土地集中，管理集中，经营集中，村民除土地参与分红或收租金外，还参与具体的生产劳动或管理，获取工资。这可以称作新集体经济。大梨树村基本是这一种。当然还可能有第四种，以土地等资源参与分配，与村外企业合作，联合生产经营，延长农业产品的生产流程，增加附加值。村民以劳动者的身份挣工资。这种方式有合作经济的性质，但不是完整的集体经济。

这种合作经济，在生产关系的意义上是资源的横向整合，在生产方式的意义上是生产、加工、销售的纵向整合。合作经济面对着由单纯的资源横向整合，迅速地向农工商一体化经营，产供销联合经营的纵向整合发展。

这种合作经济把资源和农民组织在一起，发挥规模优势和专业优势，增强实力。这种合作经济既是经济组织，还是社会服务组织。减少中间盘剥，实现效益最大化；帮弱扶贫，带动有特殊困难的家庭和人员；以整体的力量面对市场或社会的挑战；通过收入或福利来提高农民的生活水平和生活质量；经营公共服务，比如信贷、养老、保险、生活消费服务等，履行应尽的社会义务。同时还应充分地体现发展的理念，不要局限在赢利上，还应在规模上扩大、深化加工、科技含量提高、人员素质提升等方面下功夫，发挥规模化、专业化、市场实力的优势。

可以这样说，农业生产资料的重新整合，一方面扩大生产规模，实现专业化生产，发展了经济；另一方面，通过生产关系的变革，扩大了农民的基本权利，是农民主体地位的建设，是自主能力的发挥。这是在另外的层面上展示了生产资料重新整合、生产关系进一步变革，所带来的重大社会影响。

现在看，我国农业产业化的发展程度还很低，基本处于探索的初期，需要进一步实践，探索不同地区、不同条件下的不同实施办法，推进我国农业的现代化建设。这是我国进行社会主义新农村建设的物质基础。

第二节
农村的建设

在农业飞速发展的形势下，农村必然要发生巨大的变化。这种变化在某种条件下也许是根本的变化。把握农村的变化方向和变化节律，对于农村的社会建设具有现实的意义和长远的战略性的意义。

前一时期，在我国兴起了城市化的浪潮，城市急剧扩展，房地产开发产业空前兴盛，各级政府通过城市化推动了GDP的攀升，获取了非凡的政绩。但是，严格说来，这并不是真正意义上的城市化。这只是外延的城市化，并不是内涵的城市化。这样的城市化在某些地区是发展的泡沫，缺乏城市发展的真正动因，也缺乏城市发展的社会效应，反而形成了巨大的发展压力。而且，我国农村现代化的出路也不在这里。这种城市化代替不了农村现代化，甚至也带动不了农村现代化。

在现在的历史条件下，农村发展的方向就是农村现代化。农村现代化在某种意义上就是农村城镇化。农村城镇化是农村自身的发展建设，并不寄托在城市的现代化上。农村的产业不可能向城市大规模地转移，虽然农村劳动力出现了大规模地向城市转移，但农村的产业终究还要大规模的发展，归根到底还需要大量的劳动力。农民流入城市只是这一时期的现象，这一现象产生的原因一是城市需要劳动力，二是农村有剩余劳动力。将来农村的产业发展了，同样需要劳动力。而城市对劳动力的需求总有饱和的时候，特别是从事房地产开发建设的农村劳动力，必然要回流到农村。所以，我国下一步城市化会以城镇化的形式进行，用城镇化来扭转城市化的偏差。

农村现代化是农村的经济、政治、文化、社会生活等从传统向现代转变的动态历史过程。这个过程既是途径，也是方式。

中国的传统农村是小生产的农业社会的载体，在落后的自然经济和旧集体经济的基础上存在，因而文化传统也带有浓厚的封建、保守、狭隘的意味，阻碍了农村的进步。现代化的农村是建立在工业革命基础上的，具有现代科学、民主、开放内涵的社会平台。因此，现代化就是农业经济的方式向工业经济的方式、农业文明向工业文明、农业社会向工业社会转变的历程。城镇化就是载体，就是实现形式。

作为奋斗目标，农村现代化也有农村发展的先进状态的含义，但是，农村的现代化并没有发展的终点，它是个动态的过程。现代化的内涵将随着时代的进步而补充新的内容和要求。比如，在完成农业的经营方式向工业的经营方式转变之后，随着信息化、电子化、网络化、智能化的发展，社会将进入从发展工业向发展社会服务业转变，发展的重点从城市向农村转变，追求发展质量而不是追求发展速度的新一波现代化浪潮，不过那也许是遥远的未来。

农村现代化相对于国家现代化而言，只是一个很小的部分，当然，对于中国这个传统农业大国而言，也是很重要的一部分。当前，农村现代化的重点内容是发展经济，提高村民素质和能力，改善村容村貌，加强农村基层的民主政治建设，强化农村的社会服务等。基本要求与社会主义新农村建设的五项标准是一致的，重合的，只不过要求的标准有所差异。农村现代化是在建成社会主义新农村的基础上，为消除城乡二元结构上发挥最大的作用。这可以理解为历史性的作用。

对于农村现代化还可以从这样两个方面来理解：

一是由于农村剩余劳动力向城市转移，农村开始向城市渗透，接受城市的影响，促使农村发生改变。或者由于农村经济发展的要求，同外界建立了密切的联系，使农村的发展与外界的发展结合在一起，加快了农村的进步。这是一种外延式的发展效应。

二是城市向农村扩展，工业企业向农村转移，求得效益的提升，同时也带动了农村的发展建设，工业的生产要素进入农业生产活动之中发生作用，农业逐渐融入到社会化大生产的体系里。这是一种内涵式的发展效应。

以上两个方面难以单独对农村的现代化产生明显作用，只有两者互动，良性循环，标本兼治，才能全面地、深入地对农村现代化产生作用。

农村实现现代化的基本途径大体有这么几种：

1. 通过城镇化建设，转变社会功能，实现农村现代化；

2. 自然村庄通过发展经济、文化进步、环境改善、人的素质能力提高，实现内涵现代化；

3. 由于城市扩张，临近城区的农村被并入城市，与城市一同实现现代化；

4. 由于工业企业的发展，农村转为企业社区，虽然远离城市，但作为城市的一部分管理，因而同城市一起实现现代化。

这里，农村的城镇化和自然村落的现代化是需要重点研究的课题。

农村城镇化是指农村社区向城镇方向发展的过程。农村的城镇化不等同于城市化。城市化是自上而下进行的，是明确的行政行为。农村城镇化是自下而上进行的，是基层的自主行为。农村城镇化在标准上与城市化并不重合，农村城镇化必须量力而行，先进性与可行性统一，在发展建设中不断完善，不断提高，最终达到农村现代化。农村城镇的功能与城市的功能必然有量的差异，这必须予以承认和尊重，不可强求。

自然村落的现代化不是以城镇的形式实现的，它保留了生活和生产的相对独立，保留了稳定的社会活动空间，但是，必须具备相当的经济实力和发展能力，现代的文化氛围，比较完备的社会服务，相对发达的交通和比较密切的对外联系，现代的生活条件和生活水平，优越的自然环境，整洁的村落和村容村貌，和谐的社会生活，齐全的文化、教育、医疗卫生、养老等设施。

对农村现代化的理解，可能有这样一些偏颇：

1. 农村现代化就是发展经济，富裕了，现代化也就实现了。其实，农村现代化是一个全方位的概念，它包含了经济、政治、文化、社会、生态环境和村民素质的发展和提高。单纯的经济发展实现不了农村现代化。

2. 有了钱，把农村各个方面都建设好，农村就实现了现代化。其实这只是外在的表象，只是村落的新面貌，而不是城镇化。真正的农村现代化是人的现代化，是人的素质能力的全面提高。外在形象是现象现代化，人的现代化才是本质的现代化。何况农村的城镇化还有社会公共服务的建设，还有政治、文化、生态文明的建设。

3. 现代化是上级的事儿，上级不支持，不拿钱，没法实现现代化。农村现代化是民众的自主行为，而不是自上而下的行政行为。只有自己解放自己才是真正的解放。外在的只是变化的条件，而内在的才是变化的根据。

4. 又是实现农村现代化，又是建设社会主义新农村，到底怎么办？实现农村现代化与建设社会主义新农村本质上是一回事儿。建设社会主义新农村就是实现农村现代化，都是在农村实现小康社会。如果说有所区别，那么实现农村现代化是战略性的目标，而建设社会主义新农村是战役性的实施。农村现代化的战略目标是通过社会主义新农村建设的战役性实施来完成的。

对实现农村现代化还有一个理解的新角度，即在时空结构中解读各种关系和各个发展阶段。

一、农村现代化的空间体系

农村现代化的内容里，并列着经济、政治、文化、生态、社会等方面。每一个方面都是一个系统。如经济系统就包括农业、工业、商贸业等。如文化系统则包括教育、科技、文化娱乐等。这些线性的系统组合在一起，构成了多维的农村现代化的空间体系。在这个体系中，存在着此系统与彼系统的相互作用关系，存在着各个系统与整个体系之间的作用关系。如经济发展是实现农村现代化的物质基础，文化进步是实现农村现代化的精神动力等。在这个空间体系中，发挥作用的是各个构成之间的对立统一关系和运动。

根据这样的理解，在农村现代化和社会主义新农村建设的规划和实施中，必须统筹经济建设、政治建设、文化建设、社会建设、生态文明建设，实现“五位一体”的总体布局。既有重点，又要平衡兼顾，保持稳定和谐发展；既抓局部，又顾及整体，从整体建设出发，在局部建设突破；既注重正面效应，又兼顾负面效应，在负面效应中发现积极的一面，促进矛盾向好的方向转化。在农村现代化空间体系的认识基础上，多作矛盾分析，多作矛盾的积极转化，多作矛盾的平衡和谐，保证农村现代化的顺利快速实施。

二、农村现代化的时间体系

农村现代化既然是一个发展过程，就存在着纵向的时间体系构成。在这个时间体系中，必须对农村现代化的运作方式、运作过程、运作速度进行探讨和研究。农村现代化是一个连续运动的形态，各个发展过程和阶段都存在着接续关系。比如规划阶段与实施阶段的关系，实施阶段与发展阶段的关系，发展阶段与提高阶段的关系，提高阶段与总结阶段的关系以及阶段性的发展与长远发展目标的关系，等等，各个阶段互相关联，有因果关系，也有接续发展关系，还有补缺填充关系等。在这个时间体系中，除了矛盾的对立统一规律继续发挥作用外，质变量变规律和否定之否定规律也在起作用。

根据这样的理解，在农村现代化的过程中，连续性与相对独立性的统一，是时间体系构成的基本方式。不同的发展阶段有不同的工作重点，通过主要矛盾的解决，带动其他方面的发展；每一项运作都要考虑眼前与长远的关系，用一个个具体的运作铺垫出长远的效应；踏踏实实地做好事务性工作，长远的设想由一点一滴的积累来实现；不怕挫折与失败，在失败中积累经验，找出发展的规律，以此保证农村现代化有序有度地进行。

农村现代化实施的过程中，可能出现一些意外的现象：

比如，模糊了经济实体与行政管理机构的界限。行政机构的作用被淡化，被经济实体强大的能量所遮蔽，只起到某种意义上的配合作用，失去了主体性，难以发挥更大的作用。这可能发生在工业企业强大的村庄，农村成为企业的居民社区。也可能出现在规模很大，实力很强的合作性质的农场，政企几乎合一了。

比如，转变中的农村，有的扩张了，自主就地扩张为城镇，有的萎缩了，被城市或城镇所吞噬。被吞噬的村庄实际上还存在，只是以另一种方式——城市的一部分而存在，这有利于城乡差别的缩小。问题是，有些或者个别萎缩了的村庄，由于地域和经济实力原因，可能被边缘化，既不能消失，又没有可能发展，遗留于大趋势之外。

再比如，随着城乡差别的缩小，城乡联系更加紧密，农民进城，城市居民下乡也许成为趋势。年轻的农民进城发展，年老的城市居民下乡养老，这对于改变城乡的二元结构，缩小城乡差别有利。但是，因此城市的就业压力增大，农村的养老负担增大，也将成为社会问题。

这些是发展中的问题，解决了这些问题，将使农村现代化取得更实在的进展。

前一段时间，人们对城市化有很多误解，认为这是解决农村和农村人口问题的一个出路，甚至把城市化与城镇化混为一谈。

对于农村和农村人口来说，农村人口大迁徙到城市并不是解决问题的根本办法。城市的发展有城市的发展规律，农村的发展有农村的发展规律，要在本质上探究，而不是在形式上追求。农村现代化的发展方向应该是就地城镇化，而不是迁徙到城市去城市化。农村的现代化是农村自身品质品位的提升，而不是转移到城市去实现形式上的变化。

事实上，盲目地城市扩容并不是真正的城市化，对农村、对农村人口问题的解决也不会是根本性的。农村的面貌和农村的社会功能没有变化，农村的人口数量有变化，但农村人口的素质并不会明显地提升。这样的城市化只会增加城市的负担，造成新的社会问题。

所以，解决农村人口问题最好的办法是就地城镇化，通过经济结构、社会功能的重新整合，进行内涵性质的建设和发展，让农村具有城镇的功能；通过社会公共服务体系的建设，文化教育的发展，提升农民的素质；通过发展经济，加强基础设施的建设，改变农村的面貌。自主发展，与城市联手互动，形成城乡协调发展的新局面，既解决了农村和农村人口问题，又减轻了城市的压力和负担，何乐而不为呢！

城镇化建设是新农村建设的重要途径，也是利益结构调整的重大措施。农村、城市各自按照各自的规律和方式发展，形成联动，谁也不要取代谁，谁也不要包办谁，在城乡协调发展上下功夫。

在新农村建设问题上，有一个需要澄清的认识问题。新农村建设、就地自主城镇化并不与工业化、城市化这一社会发展的历史趋势相悖。工业化、城市化是传统社会走向现代社会的重要途径。而新农村建设与就地自主城镇化不是排斥工业化和城市化，相反，是弥补可能出现的城乡裂断，工农业发展裂断，消除二元化结构的弊端，促成工农协调发展，城乡协调发展。新农村、城镇化建设有利于工业企业在农村发展，尤其农副产品的加工企业和社会公共服务业；有利于农村人口的稳定和素质、技能的提升，减轻城市人口压力，规避居住负担、交通拥堵、服务短缺等“城市病”滋生和蔓延，保证中国的现代化建设不走西方国家曾经走过的弯路。

可以做这样两种理解。一是社会主义新农村建设是我国城市化战略的重要组成部分，通过城市化建设带动新农村建设，城市是主动的一方。这样理解和安排可以保证我国现代化建设的整体性。二是城市化建设和新农村建设共同组成了我国的现代化建设，城市化建设与新农村建设作为两个对立统一的侧面，相互作用，共同协调发展。这样理解可以保证发展的不同侧重点和两者的互动。这两种不同的理解适用于不同的地区和不同的发展阶段。比如，在工业比较发达的地区，如辽宁，做第一种理解是因地制宜，有利于以工促农、以城带乡。将来新农村建设全面发展，达到相当发达的程度，就应该做第二种理解和安排了。而在工业不甚发展的地区，也许直接做第二种理解和安排更为妥当，发挥整体布局安排，共同发展的优势。

大梨树村在农村现代化中，取得了一些成绩，特别是基本实现了城镇化，而且完全是自主就地实现的城镇化。外地人可能注重大梨树村的外在形象，赞叹它的仿古新村、欧式别墅园、传统的四合院以及江南一样的风光。其实，在这些表象内，蕴含着经济的发展、文化的进步和村民素质的提高，而且城镇的社会功能已经基本形成，只在程度上还有差距。尤其生态旅游业的发展，城市游客的增多，大梨树村在城镇化的硬件建设上和软件开发上都有很大的进展。生活在大梨树村，过的是同城市基本一样的生活。大梨树村展现的是当下社会主义新农村建设的典范，是现代化农村的雏形。目前，大梨树村与现代化农村只有发展程度上的差别，没有本质上的区别。大梨树村需要继续依靠经济的发展带动农村现代化的建设，求得经济、政治、文化、社会、生态的全面平衡发展。对于大梨树村来说，它的规模还比较小，对周围农村的带动、辐射作用还不明显。大梨树村未来的发展趋向很可能是并入凤城市区。一是大梨树村现在就隶属于凤城市的凤山区管辖，理论上是城区的一部分。二是凤城市的工业园区坐落于大梨树村内，它的影响增大后将更加密切大梨树村与凤城市区的联系，难以区分。三是大梨树村与凤城市区距离很近，只隔一个二龙山村，而二龙山村由于工业企业的发展，已经与凤城市区浑然一体了，大梨树村并入凤城市区是早晚的事儿。这样的发展是大梨树村主动发展与外部协作的结果。

在六年前，我对开原市的兴隆台村进行了考察。兴隆台村的发展给我留下了极深的印象。

兴隆台村位于开原市庆云堡镇的最西头，是开原市的西边陲，与法库县只隔一道辽河。

这个村是当年被称为西五村之一的落后村。兴隆台村地处偏远，加之规模不是很大，所以显得格外平和宁静。街道整齐洁净，柏油路面直达每家每户大门前。

村里的公用设施也比较齐全。兴隆台村有两处活动中心。一处是村委会，有大会议室、图书室等，图书室藏书6000余册，室外有园林式的活动场所。另一处是行政服务中心，也有阅览室，藏书4000余册，有卫生室、乒乓球活动室和室外健身场所。这些设施让这里具有了很浓的文化意味和现代气息。

同时，兴隆台村还建立了“六个不出村”和“五个不收费”的制度。“六个不出村”就是妇女每年的例行体检不出村，村里卫生所的体检设备一应俱全；小病就医不出村，有专业大夫；科普培训不出村，每年都请专家在村里文化室讲课辅导四五次；健身锻炼不出村，村里室外、室内都有健身器材和运动器具；购买日用商品和销售大宗农副产品不出村，有商店，也有专门机构负责；矛盾调解不出村，有“五老”人员把矛盾化解在萌芽状态中。“五个不收费”就是不收看病挂号费，不收科普培训咨询费，不收邮件取送代办费，不收行政事务服务费，不收健身、娱乐费。

但在兴隆台村我最感兴趣的是两件事。

一个是这个村的水稻种植完全实现了产业化。兴隆台有水稻7500亩，由458户经营。

虽然土地由各家承包，但在整个栽培过程中，无需各家各户自己操劳。完全由绿色水稻合作社从头到尾全程负责。统一确定种植品种，统一育苗，统一插秧，统一中耕，统一收获，统一用一个品牌销售。在耕作中，除插秧因机械设备不过关没有完全用机械外，其他耕作收获环节完全实现机械化作业。节省了劳动力，让各家各户有剩余劳动时间去从事其他劳动。这种产业化运作完全体现了生产社会化的性质。这样的农业劳动完全是现代概念的农业生产和经营；这样的农业劳动者也完全是现代的农民了。

另一件让我感兴趣的是，今天的村干部和村民的关系，已经完全不是过去那种管理与被管理的关系了。村书记告诉我，过去农民怕村干部，因为村干部在“三定一补”等方面还有制约的权力。在路上农民遇到村干部，都是农民先打招呼。农民家中娶媳妇、聘闺女，都要请村干部到场做座上宾，支撑门面。有意见也不敢当面说，很怕得罪了村干部。现在不行了，村干部没那些职权了，办事情都得向农民说“小话”，比如村里搞公益性建设，需要筹资、筹工、筹材料等，不说“小话”没人听你的。相反，由于实行行政服务，村民支嘴儿，干部跑腿儿，村民找干部办事都非常理直气壮。现在的村干部真的是公仆，管理真的是服务了。这种干群关系的转变，体现了农民民主意识的增强，进而体现了干部工作作风的改进。这都是随着城市化的进程，农村社会逐渐进步的表现。

兴隆台村是全国创建文明村镇工作先进村、全国民主法治示范村、辽宁省文明村、辽宁十大魅力村之一。

依照农村现代化的要求，兴隆台村的发展方向是正确的，发展的程度也有了相当的进展，发展的效果也符合农村现代化的要求和村民的意愿。兴隆台村所走的不是城镇化的道路，而是偏僻一隅乡村的现代化。这不同于大梨树村，是另外一种发展途径，可能更易于为多数农村所接受。

第三节
农民的进步

农民是第一产业的第一生产力要素，在人类的历史上居于重要的地位，是最原始、最庞大的生产劳动者群体，为人类的生存和进步作出了最伟大的历史性贡献。传统农民最基本的特征是依靠劳动的投入来维持和发展生产，依靠体力进行生产活动，在狭隘的地域内过着简朴的生活。

在社会主义建设新时期，农民的进步体现在农民的现代化上。农民现代化就是用现代科学知识和技能武装农民，提高农民掌握现代农业技术和装备的能力，从根本上改变以体力付出为主的劳动方式，改变以直接经验为基础的传统耕作方式，提高农业生产效率和商品化的过程。

对于农民现代化的理解有几点应该明确：

1. 现在农民的概念与过去的理解有所不同

传统的认识，农民是农业地区从事农业生产的劳动者。这是一个职业概念。而现在，相当多的农民已经不从事或者不仅仅从事农业生产了。农民只是地域身份的概念。他们是居住在农村的从事多种生产活动的劳动者，或者他们曾经是居住农村的劳动者，但现在可能在城市里打工。这是个广义的农民概念。农民现代化所指的农民，应该是狭义的职业意义上的农民，即居住在农村，从事农业生产劳动或者与农业生产劳动有关的劳动者。

2. 农民现代化所说的现代化不仅掌握和运用现代农业技术，而且还要具有现代的意识、观念和思维方式，同时还需掌握市场经济条件下的经营能力，另外还需具有一定的持续发展能力

这些文化技术修养、思想素质、经营和发展能力的养成，实际是当代农民的一次思想大解放，从传统农民蜕变为现代农民。

3. 农民现代化不简单是个发展目标，而是一个历史过程的概念

这个过程是发展运动着的，随着时代的进步，现代化的内容会逐渐丰富和提高。

当代农民是处于转变过程中的农民，是从传统农民向现代农民转变过程中的农民，是新旧经济体制交替过程中的过渡阶段的农民。因此，认识当代农民应该从他们的变化着手，去认真研究、分析，从而把握他们的变化。

当代农民正处于转变之中的主要表现：

1. 正从求温饱向求富裕转变

当代农民已经开始摆脱贫穷的困扰，不再仅仅为吃穿而劳碌奔波，已在为更加美好富裕的生活去创造、开拓。农民物质生活水平的提高，不仅激发了农民发展生产的积极性，也增强了农民精神文化生活的需求，从而使当代农民的素质比传统农民有了新的飞跃。

2. 正从愚昧向文明转变

农民文化素质的增长，是一种质的变化。它既是农民经济生活水平提高的反映，同时又将直接推动经济的进一步发展和农民素质的提高。当代农民是一支以初中文化为主体的、掌握一定生产技术的劳动大军。在辽宁这样的农村，几乎没有文盲的农民了。

3. 正从单纯从事传统农业生产向从事多种生产活动转变

当代农民正从小生产者向商品生产者转变。产品大多用于交换而不是自用。他们的物质需求有相当一部分不是自产，而是通过商品市场取得。这对扩大社会分工，促进转化，具有巨大的积极作用。

4. 正从传统观念向现代观念转变

当代农民的价值观念、人才观念、消费观念都发生了变化，有了明显的现代意识。这是农民思想素质的根本提高。

当代农民从传统向现代的转变有四个基本特点：

1. 转变的必然性

当代农民从传统向现代农民转变是社会发展的必然趋势。改革开放以来农民的变化速度之所以超过了新中国成立30年的变化速度，其根本的原因，是我们党能顺应社会历史发展的总趋势，针对我国的实际，在发展市场经济和建设社会主义文化的基础上，积极推进农民现代化的方针。

2. 转变的不平衡性

主要体现在时间上和程度上的不平衡。这种不平衡，有很大的地域性。不同地域之间，因自然条件、历史文化、外来影响的不同而具有很大的差异。同时，同一地域的农民，由于各自情况的不同，也会有一定的差异。

3. 转变的趋同性

农民的转变基本上都是从传统农民向现代农民转变，即向农村的商品生产者或经营者转变。逆向转变基本没有。因而，转变程度的差异是趋同下的差异。这种趋同性反映了社会历史发展的总趋势，同时，也是党的路线方针政策指引的结果。

4. 转变的复杂性

农民的转变并不是主观自觉的，是受社会历史发展的总趋势制约的。加之农民固有的保守性，使得转变不会一帆风顺，必然伴随激烈的思想斗争，出现时快时慢的情况。

决定制约当代农民发生重大转变的因素是多方面的。

第一，自从党的工作着重点转到经济建设上来以后，社会主义建设在我国各条战线和各个地方展开以来，广大农民获得了发展的新机遇。这新机遇不仅是经济建设上的，更是农民自身发展提高上的。

第二，通过贯彻一系列农村的改革政策，最大限度地调动了广大农民发展生产的积极性，使他们在改革中认识到自身的价值，并在发展农村商品经济中提高了自己的物质生活和精神生活水平，提高了自己的科技文化素质。

第三，农村文化教育、科技活动的普及，加速了农民的转变。几年来，生产的发展推动了农村的文化、教育事业的发展；农民思想文化素质的提高，又促进了商品生产的发展。这一良性循环，使农民的思想观念、文化技术素质、生活方式都有了很大变化。

第四，农村人际交往的扩大和频繁，促使农民的思想素质和致富能力不断提高。市场经济的发展，使农民同社会的联系更加紧密，彻底突破了自然经济状况下人与人之间的半封闭关系。农民在相互交往中，既互相依存，又互相竞争。这促进了农村经济的发展和农民素质的提高。

第五，城市的发展对农村的发展起了带动作用，也间接地推动了农民的转变。现代意识开始萌生和增强，生产和经营能力都有所提高，文化素质也有所加强。他们开始从事同城市居民没有本质区别的工业、商业、服务业劳动，这使当代农民在自身发展中迈出了关键性的一步。

现代农民应该有一个普遍的标准，这基本是：有文化，具有一定的学历，至少完成了我国的义务教育；懂技术，掌握了现代的生产技术和技能；守法纪，用法纪规范自己的社会行为，用法律保护自己的正当权益；讲文明，既传承中华优秀的文化传统，又具备现代的精神风貌。

同时，现代化的新农民必须具备一定的条件。原则上讲，以下这三点是必不可缺的：

第一，现代化的新农民必须在物质、精神上完全独立。物质独立是指能够创造物质财富，并享有现代物质生活的农民。精神独立是指具备现代思想意识，特别是意识到自己的政治权利和社会义务，并享有现代精神文化生活的农民。

第二，现代化的新农民必须生活在一定的历史条件之下。这些条件主要是：现代的生产关系中的农村劳动者；现代社会生活环境中的公民；形成了相当规模的社会群体。在中国现代历史上也曾经出现过出类拔萃、创造出社会价值、具有巨大社会影响的农民，他们只能是那个时代的先进农民，而不是现代化农民。

第三，现代化的新农民必须是在农村的经济建设、政治建设、文化建设和社会建设中发挥作用的劳动者。离开社会实践谈不上现代新农民。实践是检验真理的标准，包括对现代新农民的认知。

农民现代化的重要结果，可能在中国发育出一批农村的中产阶级。它同城市的中产阶级一起，成为我国社会的重要组成。据有关统计，我国农民约8亿人，不知这个农民的概念是什么。即便这个数字，农民已经占中国人口的绝大多数。因而如果出现农民中产阶级的话，也将是中国中产阶级的主要组成。中国农村的中产阶级按收入计算，应该是中国中间水平的社会阶层；按职业门类算，应该居于社会成员的大多数；按经济实力算，应该能满足基本的生活需求，并有一定的剩余，用作必需之外的消费，如发展和享乐。这样的农民中产阶级是中国社会稳定的基础，是民主法治社会建设的前提条件，是社会持续发展的中坚力量。

当代农民的转变，有客观因素的作用，也有主观因素的作用。由于农民传统的保守性，使得客观因素在转变中的作用显得特别突出。

当代农民的转变，需要一定的时间和积极正确的引导。

第一，要积极开展思想教育活动，教育农民坚定不移地走社会主义道路，建设社会主义是农村发展的唯一出路，是农民进步的唯一保证。偏离社会主义方向必将断送农村的发展，危害农民的进步。我党提出的中国特色社会主义建设，本质属性是社会主义，中国特色是当下社会主义建设的重要方式和途径。不可出现偏颇和片面、极端化的理解。目前，小生产观念仍然是阻碍农村生产力发展，影响农民转变的关键问题，因此应在农村开展市场经济教育。要从农村实际出发，寓教育于生产经营活动之中，充分发挥典型的示范作用和新闻媒介的宣传影响作用。

第二，继续发展农村市场经济，使农民的转变建立在新的经济活动基础之上。当前，应引导农民在家庭承包的基础上进行资源的横向整合和经营的纵向整合，积极扩大社会分工，实现商品生产专业化，改变农村产业结构，扩大生产规模，提高生产专业化程度，增强经济效益，提供农民转变的物质基础。

第三，积极发展农村教育、文化、卫生事业。教育和文化直接影响农民的素质，对农民建立新的生活方式和新的道德风尚有潜移默化的影响。因此，对农民的教育，既要着眼于当前农民文化技术素质和致富能力的提高，又要着眼于农民精神文化的发展。

第四，积极引导农民建立科学、文明、健康的生活方式，倡导社会主义核心价值观，在承接优秀文化传统的同时，积极接受现代的文化影响。

与农业现代化、农村现代化比较，农民现代化是前两者的主导因素，或者说农业现代化和农村现代化是通过农民现代化来实现的。农民现代化的实现，具体说是教育的发展和科学技术的进步，但本质上是社会发展带动的结果。现代人最基本的要素是具有完整的现代社会的价值观，高超的生产技术和经营能力，并以此决定其生活态度和社会行为方式。

农民现代化必须在调整和发展生产力第一要素的高度和层面来理解，必须在生产关系和生产方式的变革中来进行，必须作用于社会的发展进步。这是历史性的、社会性的行为。

中国农民的现代化是中国民众现代化的主体，一是农民占中国民众的多数，二是中国民众大都源于中国的农村，或是直接由农民转变而来，或是传统农民的后代，农村的影响很浓厚。所以，中国农民的现代化非常重要。

传统人与现代人最本质的区别在于，传统人以物质生活为主，主要依靠体力劳动或简单的技术性劳动为生，为温饱而奔波。现代人以精神文化生活为主，依靠脑力劳动和复杂的技术性体力劳动为生，为自身的发展而忙碌。当代农民正处于这样的转变中。现在的问题是，并不是所有的农民都意识到这一点，缺乏必要的自觉性和积极性，因而转变是极其被动的。

当前，农民现代化的问题主要表现在农民素质能力的提高上，这一点已经被各级领导机关认识到了。但在具体的工作中，往往注意表象的东西，而忽视了本质的东西。一谈到农民素质的提高，就会在文件中、讲话中罗列一大堆数字：办了多少技术培训班，开了多少次学习会，多少人参加，多少人讲课，等等。其实这是应付官僚主义的雕虫小技，说的人没信心，听的人也不相信，只是些表面文章。农民素质和技能的提高并不简单地靠这些表面的措施，更在于日常的、大量的、深入的潜移默化之中。这主要是：

环境的影响。社会环境的影响是农民素质提高的主导力量。在解放思想、改革开放、发展市场经济的大趋势下，农民自然就会“随波逐流”参与其中，得到提高。所以这种环境影响的营造、利用和掌控是各级领导机关的重要工作内容。

榜样的力量。村看村，户看户，瞄着别人学，这是农民的普遍心理。有些技艺，一旦有人成功了，便会蜂拥而上照搬照学，被普遍掌握，成为一个地区的特色技艺或特色产业。当地农民的技艺自然提升了。不仅技艺是这样，先进的思想观念也是这样。

条件的促成。农民素质能力的提高当然需要一定的条件，所以农村的文化设施、活动场所应该完善健全，充分地发挥作用。比如图书馆，有些村庄花钱买了大量的图书，却无人管理，常年锁头看门，只在上级来检查工作的时候做个样子。这不是条件，发挥了作用的才是条件。

活动的带动。活动是村民文化生活的载体和平台。现在农村比较重视村民的业余文化活动，这主要是村民的积极性促成的。村民的业余时间不能总耗费在麻将桌上，更应展示在健康积极的文化体育活动中。健康积极的文体活动应该成为当代农民的生活方式之一。

实践的锻炼。实践也是学习，实践出真知。农民素质能力的提高主要靠生产经营的实践。无论成功还是失败都是最好的学习，久而久之将形成农民的素质和能力。

我在大梨树村生活考察将近12年了，接触了很多农民。与45年前我插队落户到农村锻炼时接触的农民比较，现在的农民已经有了难以比拟的变化和进步。

其一，当年的农民生活在贫困之中，基本的生活条件无法保障。春天粮荒，我和社员吃过榆树皮饽饽。现在的农民生活在温饱之中，不再为吃穿发愁。而且生活水准提高到与城里人不相上下的程度。这是过去不敢想的。

其二，当年的农民生活在沉重的政治重压之下，动不动就是阶级分析，动不动就是批斗会，政治压力成为管理社员的工具。现在以人为本，人的尊严和权利得到充分的尊重和保障，农民可以充分地创造和建设新生活，可以充分地享受新生活。

其三，当年农民的素质低下，保守、狭隘、自私、僵化、迷信，只能发挥一个简单的劳动工具的作用，体现不出第一生产力要素的积极作用。现在，广大农民敢于变革，敢于创新，为实现自己的愿望而孜孜不倦地奋斗，思想素质和技能都有了空前的提高。

其四，当年的农民受家族的影响很大，人与人之间的关系基本是以家族来划分的。即使在政治空气十分浓烈，十分严峻的时期，家族关系依然发挥着重要的作用。现在不同了，尽管家族关系依然在起作用，但明显地让位给经济利益了。这与当代农民的视野开阔了、活动范围扩大了、同外界的联系密切了不无关系。在处理关系问题上，经济利益是第一位的，家族是其次的。这是一种社会性的进步。

我刚到大梨树村定居的时候，为我装修房子的村民是自己带着老婆，拎着工具一起干的。现在，他已经带着一支队伍，开着汽车，到处揽活干了，成为名副其实的老板。我的一个邻居，原先自己种着几亩五味子，同村里合在一起出售。现在村里不搞五味子了，市场也不行了，但他扩大了五味子的种植面积，同时还收购别人的五味子，成了一个经纪人。尽管五味子的行情下跌，但他每年都不少挣，成了五味子种植和销售的专业大户。

大梨树村的老书记毛丰美可以说是名副其实的当代农民的代表。毛丰美不仅是大梨树村民的带头人、贴心人，他还是中国农民的代言人。他在全国人大会上仗义执言，替中国八亿农民发声，硬是把高于城市的农村电价调了下来，把执行了几千年的皇粮国税——农业税和农业特产税给取消了。这是一个极其重要的象征：中国的农民觉悟了，再也不是畏畏缩缩的“土老帽”，敢于直接行使自己的权利了。毛丰美是当之无愧的从传统农民向现代农民转变过程中的当代农民的光辉代表。

但是，认真地想一想，毛丰美这一代农民并不是中国农民现代化的真正对象，他们只是转变中的当代农民。真正能够实现现代化的农民是今天二三十岁的新农民。出生于20世纪80年代以后的新农民，他们具有完全不同于毛丰美那一代农民的素质。如果说毛丰美的父辈那一代农民是传统的老农民的话，那么毛丰美这一代只是新、老农民的中间代。老农民是小生产时代的农民，具有中国传统农民的一切特质。毛丰美这一代农民是经历过旧集体经济时代，又经历过改革开放时代的转变时期的过渡性质的农民。新旧时代的影响在他们身上留下了深刻的痕迹，因而他们具有开创奋斗的精神。新农民则具有与老一代农民、中间代农民绝对不同的生长背景，因而形成了新农民的特质。他们大都是独生子女，家庭地位特殊，生活条件优越。而他们所处的社会环境复杂、变动激烈，文化背景丰富，与外界接触渠道畅达、便利，接受的思想文化影响多样。可以说，新农民所接受的物质营养和精神营养都是空前丰富的。他们具有较高的文化修养，具有较强的接受新事物的能力，对现代的科学技术比较感兴趣，但所受到的思想意识和活动行为的影响过于复杂，正、负面影响在他们身上都存在，唯独优秀的传统影响不足，因而他们是农村任性的一代。

我在大梨树村间接接触到这样一个女孩子。她是大梨树村人，大学毕业，在外地就业不成，应聘回到村里工作。她的工作能力并不差，完全胜任所担负的工作。但她过于任性，一切都按自己的意愿行事，不考虑村里的利益，不考虑对别人的影响。村里派她到省里开会，她自认为这个会议没什么内容，不经请示，居然自作主张地离开会议，跑到自己男友家里住了起来。回到村里她还振振有辞地说，这样的会议没必要去参加。她去男友家是休息，工作太累了。这个女孩子的家庭条件并不好，只有一个相依为命的母亲。这个女孩子可能过于典型了，但类似的并不少。在这个女孩子身上可以发现，传统的东西太少了，是断层的一代。她所接受的是半生不熟的外来影响，外来影响的正面效应她并不理解。这样的新农民与现代化农民的差距的确太遥远了。这一代新农民身上，优点突出，不足也明显。

在大梨树村还有另外一个典型的年轻农民。他曾因吵架失手致人死亡，被判了14年徒刑。在狱中，毛丰美特地去看望他，鼓励他好好改造。后来他因改造得好而提前获释。出狱后，他开了一个街边烧烤摊谋生。由于勤奋肯干，生意很好，很快成了家，又有了一双儿女。他和他的妻子继续辛勤努力，生意越做越大，买了门市房，烧烤摊做成了旅游纪念品商店，接着又盖新房开了一家旅店，后来又买了汽车兼拉游客上山游览。夫妻二人忙得不亦乐乎。这个年轻人白手起家，几年间成了两个商家的老板，成为大梨树村的致富能手。这个人与我很熟，经常见面，是一个勤恳、聪明，能吃苦、动脑筋的年轻人。他学历不高，又在监狱中度过了十来年，但他不自暴自弃，硬是闯出了一条致富路，建设起自己美好的生活。这是新一代农民的优秀代表，虽然他的文化素质并不高，但他的思想素质并不差。像他这样的年轻人在大梨树村并不少，这是这一代农民的主流。

这两个新一代农民之所以不同，关键的问题是对人生的理解不同。人生最基本的内容只有两个：生存和发展。生存就是自食其力，发展就是自己的成长和履行社会和家庭的责任、义务。而新农民中有些人由于价值观扭曲，并不这样认识人生。在他们心里，人生就是及时行乐，所以到处索取，到处游乐，处处以自己为中心，不考虑对家庭和社会的责任和义务，什么都可以不在意，只在意自己的感受，中华传统的美德和社会主义价值观在他们心里很淡漠。这不是个别问题，因此必须大力弘扬中华的传统美德，大力弘扬社会主义核心价值观，大力弘扬先进典型人物的事迹，大力抵制、批判有悖于中华传统精神和社会主义思想道德的现象，形成强大的社会文化氛围。如不及时扭转，也许会造成历史性的悲剧。中国农民的现代化任重而道远。

新农民一般或在农村就地创业，或在城里打拼以后再回村里创业。这些在村庄里创业的新农民有三个需要认真关注的偏差：对社会的认知比较盲目，对创业的安排常常盲从，对未来的思索有些茫然。他们身上还有两大弱点：成功时，扬扬得意，自以为是，目空一切；失败时，灰心丧气，一蹶不振，怨天尤人。究其原因自然是不成熟、不求是、不求实。

现在正是中间代农民把肩负的历史重任转交给新农民的历史转变时期。交班与接班都是十分郑重严肃的历史行为。如果说中间代的农民在当下时代大潮中是转化或转变的问题的话，那么新农民这一代则是培育的问题了。培育主要是学习和实践两个渠道，主动学习实践与被动学习实践两个方式。新农民走向现代化需要一个“澄清”或“沉淀”的过程，即除去负面影响，强化正面影响的过程。这是前进的必经之路。

农民现代化是一个长期的历史过程，必须艰难地探索，充满挫折是必然的。

第四节
社会主义新农村建设

早在20世纪30年代，我国的社会学者费孝通提出过“乡土重建”的命题。“乡土重建”的基本内容是，在世界工业化、城市化的历史背景下，通过发展乡村工业来增加农民的收入，建设合作性质的社会组织，将农业的乡村重建为包含现代工业文明的工农相辅的新农村。这是一个有别于西方的发展设想。这个设想是把西方的工业文明嫁接在中国传统的农村上，是中国农村发展的一个积极的对策。

费孝通的“乡土重建”与社会主义新农村建设有相通之处，但有本质上的不同。

相通之处是：

两者都是在世界工业化和城市化的历史背景下产生的针对中国农村的发展建设主张。

不同之处是：

1.“乡土重建”的提出，中国尚未实现工业化，而社会主义新农村建设提出时，中国已经初步实现了工业化，具备了农村发展的社会新基础。

2.“乡土重建”基本是经济发展的概念，而社会主义新农村建设则是包括经济发展在内的社会全面发展的概念。

3.“乡土重建”是半封建、半殖民地历史条件下的主张，而社会主义新农村建设则是在中国共产党领导下的社会主义建设新时期的发展规划。

4.“乡土重建”是用工业挽救农业和农村的措施，社会主义新农村建设是农业、农村、农民全面发展、互相作用、共同提高的基本方针。

5. 社会主义新农村建设是作为中国全面现代化建设的重要组成部分而提出来的，具有很强的战略性、全局性，而“乡土重建”则是单独解决农村问题的一个主张。

所以，不能简单地认为社会主义新农村建设的提出，与费孝通的“乡土重建”有任何承接关系。两者是不同历史条件下的不同性质的主张。

当前，我国的社会主义新农村建设正处于发展的新节点上，体现出一些阶段性的特征，其表现为:

1. 社会主义新农村建设由过去被动地发展，开始向主动地发展转变。以工促农，以城带乡是新农村建设的基本措施，但是，已经开始向城乡协调发展、互动共赢的方向转变，农村发展的主动因素开始逐渐增强了。

2. 由单纯地提高农业生产力逐渐向变革农村的生产关系转变，开始在土地等资源的横向整合和生产经营活动的纵向整合上下功夫，开创新的生产关系和生产方式。

3. 由发展农村经济为主，逐步向农村的经济建设、政治建设、文化建设、社会建设、生态文明建设全面、综合、平衡、协调发展方向转变，真正把社会主义新农村建设作为一项综合的社会工程来安排，求得全面、长远的发展效应。

4. 由保生存的脱贫致富、改善农民生活为主，向全面提高农民素质，求发展为主的方向转变。

5. 由单纯地追求物质成果为主，向追求精神文化成果的方向转变，求得新农村建设在本质上提高。

6. 由单纯的农业生产发展，向多种产业全面、综合发展的方向转变，增强新农村的发展基础和实力。

以上这些表现既有新农村发展方式的变化，也有发展内容的变化；既有新农村发展建设的方向性特征，也有阶段性的特点，值得注意。

通过对大梨树村社会主义新农村建设实践的考察和探索，对社会主义新农村建设需要把握这样几个基本的认识：

第一，社会主义新农村建设的提出，标志着我国的社会主义建设进入了一个新的发展阶段：以农业为国民经济基础的中国，进入了以工业和其他产业为主的发展新时代；开始了以工促农，以城带乡，城乡协调发展的新阶段。这样的发展阶段将带来许多新的变化，农村从封闭半封闭状态进入完全开放状态，农业从单纯种植业转变为多种产业全面发展，农民从农业劳动力转变为多种经营的知识化技能化的农村生产者。这些变化是农村新发展的着眼点，需要在认识上和实践中认真地把握。

第二，社会主义新农村建设是作为我国社会主义建设的重要组成部分提出来的，不能被排山倒海而来的城市化浪潮所淹没。新农村建设与城市化是对立统一的两个侧面，城与乡各有各的发展空间，各有各的发展内容和方式，而且两者是互动、关联的，必须协调发展，不能失衡。

第三，社会主义新农村建设的范围，不仅是村庄的建设，包括了农业、农村、农民的现代化发展；不仅是农村外在形象的建设，包括了外在与内在的实质性的发展建设；不是一个方面的建设，而是经济、政治、文化、社会、生态文明的全面建设，甚至不仅是新农村的建设，而是作为中国特色社会主义建设的一个重要部分来进行的。有一个正式出版的小册子在谈到社会主义新农村建设时说："具体而言，所谓'新农村'包括五个方面，即新房舍、新设施、新环境、新农民、新风尚。这五者缺一不可，共同构成社会主义'新农村'的范畴。"这样的认识未免太偏颇，太片面了。

第四，社会主义新农村建设是农村主动、自主的发展行为。虽然是以城带乡，但不是以城代乡。城乡互动，工农联动是协作而不是单纯的帮扶，城市对农村的支援是发展条件上的创造，而不是包办代替。新农村建设靠的是农村的主动精神。主观能动作用是新农村建设的根据，外在的带动只是条件。在新农村建设上必须克服等、靠、要的被动思想，发挥主观能动性，开拓、开创，像大梨树村那样，"苦干实干巧干，干出一片新天地"。

第五，建设社会主义新农村必须继续解放思想。解放思想是进行社会主义建设的必要措施，是一个连续不断、持续发展的行动。解放思想是马克思主义的科学态度和勇敢行为，必须贯穿发展建设的始终。解放思想的核心是通过否定和探索求得实事求是。否定和探索需要勇气和决心，也需要科学的态度。探索可能成功，也可能失败。无论成功还是失败，对于发展都是积极的。

第六，社会主义新农村建设的五个方面是统一的，是一项综合性的社会工程，不可片面理解，需要全面安排，在实践中可以突出重点，但必须顾及其他方面，形成合力协调动作。在这里，生产发展是新农村建设的物质基础，是中心环节；生活富裕是新农村建设的目标，也是衡量的基本尺度；乡风文明是农民素质的表现，体现了农村精神文明建设的水平；村容整洁是农村新面貌的窗口，是人与自然和谐关系的体现；管理民主是新农村建设的政治保证，显示对村民权利的尊重和维护。在这里农业是新农村建设的基础，农村是新农村建设的载体，农民是新农村建设的动力。

第七，在社会主义新农村建设中，切不可盲目地模仿别人，模仿的只是形式而不是内容。必须在学习先进的基础上，从自己的实际出发，找出自己的长项和短处，量力而行，因地制宜，突出特色。大梨树村已经探索出以生态旅游业为主，其他产业共同发展；以村内产业为主，村内产业与村外产业共同发展，城乡互动；以集体经济为主，多种经济形式全面发展的大梨树发展道路。这是一条经过长期探索而形成的实事求是的发展道路。

第八，社会主义新农村建设是通过现代化建设来充实、加强和提高农村的传统精神，而不是否定和颠覆传统精神。这不仅仅是物质生活富裕的问题，更是传统精神文化的传承和丰富发展的问题。现代化建设的基础是传统的精神，而现代化建设的结果也是新时代发扬光大了的传统精神。中国特色社会主义的本质含义就在于此。社会主义新农村建设应该强化家园的情感，而不是弱化。在乡情中增强对家乡的热爱，让家乡成为心理的襁褓、精神的城堡，进而增强国家和民族的意识。

第九，我国的社会主义新农村建设具有中国的特殊性，不同于其他国家的农村建设。西方资本主义的农村改革，如英国200多年前的改革，只是经济意义上的改革。它把土地集中起来，发展规模化和专业化经营，适应资本主义生产方式的改革，虽然也有社会意义，但着眼点是经济的发展。韩国在20世纪70年代的“新村运动”，重点是社会意义上的改革，强调农民思想观念的进步。日本的农村改革也只是着眼于经济的发展，通过农民协会把农民组织起来，进行社会化的专业生产。中国社会主义新农村建设是物质与精神的全面建设，是在传统文化基础上的现代化建设，是中国特色社会主义建设的实践。

第十，社会主义新农村建设的实践是中国乡村建设理论体系形成的基础和依据。应该在这样的基础上，在这样的高度上来认识、规划和实施新农村建设。这样才能增强自觉性，克服盲目性，主动地、科学地进行社会主义新农村建设，完善中国社会主义新农村建设的理论。摸着石头过河的发展阶段已经过去，必须通过实践—认识—再实践—再认识，更加自觉地进行发展建设。完整的社会主义新农村建设的理论体系，就是社会主义新农村建设的顶层设计。

第十一，社会主义新农村建设需要各级领导机关和领导干部切实转变工作作风。眼光要进一步向下，下到基层，下到民众，下到民众发展的实践中去。真正做到为人民服务，真正做到以人为本，真正做到不"唯上"，只"为实"，把为上级领导机关负责与为广大民众负责一致起来。这是执政党的工作人员应有的基本作风。

社会主义新农村建设在整体布局上，面临着几个基本的矛盾问题。

一、农户各自为战的小规模分散经营与社会化大市场的矛盾

家庭联产承包是我国农村最基本的生产方式，规模小、分散经营只能独自面对社会化的大市场，难以掌握市场的变化，难以掌握新的科学技术，难以提高生产能力和水平。这是我国农业发展的"顽症"。只有突破家庭承包的局限，农业才能发展，农民生活才能改善。农业生产按资源重组，实现农业生产的规模化和专业化是唯一的出路。

二、农业产业的发展与农村的多种产业发展的矛盾

目前农村出现了多种产业竞相发展的局面，这对农村经济的发展、生活的改善起了积极的作用。但在资金的分配、人力的安排、管理的能力上的确对农业的发展产生了明显的影响，甚至使农业生产在农村处于

不被重视的次要地位。农村的经济基础是农业，发展多种产业的基本目的是为发展农业提供条件，而不是影响、替代农业的发展。所以在发展农村经济的大局中，需要认真布局、全面规划、协调发展，克服发展的片面性。

三、城市的发展建设与农村的发展建设的矛盾

近几年，由于过分强调城市化和不正确地发展城市建设，造成了城市与农村发展的失调，城市化成为重点，忽略了农村的发展建设，侵占了农村发展的利益。社会主义新农村建设的提出是纠正这种偏差的重大措施，必须坚持以工促农、以城带乡、城乡协调发展的方针，建设好社会主义新农村。

这些基本的矛盾问题需要在政策的高度、整体布局的层面予以解决。

在社会主义新农村建设的具体执行活动中，联系各地的实际情况，还面临着一些业务性质的问题：

第一，村级集体经济基础普遍薄弱，缺乏强大的经济实力，这对于农业产业化的发展极其不利。未来的农村经济将随着农业产业化，特别是规模化，土地会向集体经济、大户经济体集中，把农村劳动力也集中起来，形成规模。村集体经济、专业合作经济、专业大户经济，将是农村经济构成的基本框架。在这里，单纯的村集体经济也许只是过渡，早晚会被合作经济所取代。

第二，发展的基础差异太大，发展的时间因素（速度）和空间因素（地域）带来了严重的发展不平衡，造成发展的步调不一致。这种发展的区域化造成了情况的千差万别，难以统一掌控，只得分类指导；难以协调发展速度和程度的整体进度，只得在一个较长的时间里各行其是。

这将对农业产业化的实现带来影响，但也是客观实际，不可强求一律。

第三，政策配套尚未完善，缺乏农业实现产业化的动力和机制，缺乏农村建设的经济支持，缺乏农民进步提高的积极性，需要统筹安排。在这个问题上，既要统一筹划，又要区别对待，具体指导；既要在具体区域、具体问题上灵活处理，又要考虑全局；原则是在实事求是基础上产生的，但在处理具体问题时还要坚持实事求是，从实际出发。

随着社会主义新农村建设的发展，随着城乡二元化结构的减弱，随着城乡差别和工人农民本质差别的缩小，农村的发展建设将逐步与城市的发展建设融为一体，成为城乡一体化的地域性的发展建设，其内容也将有本质的变化。这是社会主义新农村建设发展的最终结果。这将开启我国社会主义现代化建设的新阶段。

对于社会主义新农村建设，除了这些工作层面上的认识和理解之外，还应该有更深层次，更高层面上的认识和探索。这就是人文意义上的社会主义新农村建设，或者说社会主义新农村建设的人文构成。社会主义新农村建设中的经济、政治、文化、社会、生态建设都升华在人文概念上来解读，作为文化的发展来阐释。社会主义新农村建设的物质精神成果应该在文化的意义上充分地展示和体现。物质的新农村与精神的新农村完全统一，应该是人文化的新农村。在某种意义上说，这才是真正的社会主义新农村。建设物化的新农村，然后升华为文化的新农村，或者，在建设物化的新农村的同时，建设文化的新农村，这应该是一种普遍的过程。

这种人文意义上的社会主义新农村建设应该是在城乡协调发展、城乡一体化的大背景下完成的。农村不再单独地进行资本运作和积累，而是与城市融合在一起进行；农村不再是权益周转、转换、实现的狭窄平台，而是与城市组成一个完整的空间；农村不再是独自的资本、劳动力、商品流通的涓涓溪流，而是与城市组合成浩浩洪流；农村不再是独自密闭的信息容器、社会生活空间，而是与城市彻底融合的广阔天地。在这一基础上，农村与城市再也不是简单的空间概念，同时也融汇了时间的概念，由一个个片段构建成绵长的过程，并在时间中向前延伸。城乡的差别模糊了，二元化的管理也消除了。农民不再是从事农业生产劳动的社会阶层，农村劳动者与城市劳动者只是社会的分工不同，而没有本质的区别。

我在大梨树村这12年中，耳闻了大梨树村民在毛丰美的带领下发展建设大梨树村的奋斗历史，目睹了大梨树村创造的辉煌。我受到了一次深刻的教育，对于农村的社会主义建设有了明确的认识。在考察大梨树村的发展建设成就时，我对大梨树村的社会主义新农村建设，得出了这样一些基本的印象：

一、大梨树村不愧为现阶段社会主义新农村建设的典范

自社会主义新农村建设的号召提出以来，大梨树村年年被评为社会主义新农村。大梨树村通过艰苦创业、改革开放、科学发展和全面深化改革，在经济建设、政治建设、文化建设、社会建设、生态文明建设等方面，都取得了显著的成就，村民生活得到了根本的改善和提高，在物质上和精神上都获得了丰收。从三个角度看大梨树村的成就，可以充分地认识到大梨树村发展建设的重要意义。

二、大梨树村的社会主义新农村建设成就形成了广泛的正面影响

这从大梨树村的发展实践可以看出，大梨树村过去30多年的奋斗正是当前我国农村所经历的，只不过各地程度不一，成就不一，方向是

完全一致的。大梨树村的经历是所有农村必定经历的。大梨树村的实践带有一定的普遍性，完全可以互相参照、借鉴，在大梨树村的基础上可以有更大的提高。大梨树村的实践不一定是最好的，比大梨树村更先进的乡村肯定有很多，但是，大梨树村在自己的发展建设中的确这样实践过，这是它的可贵之处。

三、大梨树村在社会主义新农村建设上做出了重要的探索

社会主义新农村建设这是一个比较新的课题，尤其在改革开放的条件下。大梨树村的发展建设是在艰苦的探索中进行的，这符合事物发展的普遍规律。挫折与顺利、失败与成功都是事物发展的过程。在一定意义上，挫折与失败都是成功，是负面的成功。大梨树村的发展历程提供了成功的实践，也提出了许多值得认真对待的探索。这些探索是积极的，有成效的。真理正是在这些探索中被发现和认识的。

四、大梨树村的社会主义新农村建设践行着中国特色社会主义建设的基本理论和方针政策

大梨树村的发展建设经历是探索着走过来的，但是它的方向和路程完全符合中国特色社会主义新农村建设的理论和方针。这说明：党的社会主义新农村建设的提出完全符合中国的发展实际，既有方向性，又有实践性。同时也说明，大梨树村的实践验证了党的这一方针的实践依据和科学依据。

在这里，有三点必须明确：

一是大梨树村在30多年的发展历程中，成绩是巨大的，当然，实事求是地说，也有一些教训和不足，这是必然的。这些教训与不足对于大梨树村也是弥足珍贵的，对于其他乡村也有借鉴的意义。

二是大梨树村成就的取得，有些是大梨树人的自觉行动，有些则是不自觉的探索行为，在探索过程中逐渐得出科学结论的。这符合认识的规律，从不自觉到自觉恰是实践—认识—再实践—再认识的过程。

三是大梨树村能有今天的成就，固然是大梨树人的创造和努力，同时与大环境的带动，各级领导机关的关怀与支持也是分不开的。没有这些客观条件，大梨树村不会有今天。大梨树人的主观努力与客观条件完全统一在一起了，这是大梨树村成功的根本原因。

目前，大梨树村正处于继续发展的关节点上。

第一，毛丰美去世所带来的影响开始平静。

人们对毛丰美的怀念是真诚的。毛丰美去世对大梨树村的影响也是存在的。不过，毛丰美在去世前已经基本做好了安排：对大梨树村的发展方向和发展方式已经有了明确的探索；对领导班子的建设做了一些调整，特别是毛正新已经锻炼成熟，扛起了大梨树村发展建设的重担。大梨树村带头人的更迭是顺利而平静的。实践证明毛正新是胜任的，村民们是拥护的。大梨树村在毛正新的主持下，开始了发展建设的新阶段。

第二，大梨树村的发展建设面临着新的探索。

大梨树村过去取得了令人瞩目的成就，但同样面对着一系列新的问题。过去那种大刀阔斧式的发展方式需要转变，依靠大投入来获得大发展的方式已经不现实了；发展的热情需要建立在科学态度之上，稳扎稳打是大梨树村发展的基本方式。因此，大梨树村需要对过去的发展，做一次全面科学的认识和总结，认真学习党中央关于社会主义新农村建设和全面深化改革的部署，对面临的发展大环境做清醒地解读和剖析，对外地新农村建设的经验认真研究学习。在此基础上，重新探索研究大梨树村的发展思路和方式，重新规划，重新布局，重新起步。

第三，中国的社会主义新农村建设正在新的历史条件下开始新的步伐。

经济建设、政治建设、文化建设、社会建设、生态文明建设都面临着新的发展要求和新的发展方式。既要紧跟国家的部署，又要根据自己的实际，实事求是地落实和实施。当下，我国农村，尤其北方农村，正面临着新的发展局面：农业资源的重新整合迫在眉睫；扩大内需的发展机制开始成熟；供给侧结构性改革正在推进，城市的发展对农村的带动作用更加明显；农村自身的发展能力进一步增强；市场对农村各个产业的主导作用更加明显，更加直接。

以上这些是大梨树村必须冷静面对的发展形势。

通过大梨树村社会主义新农村建设的成就，我们还应该注意到一些普遍性的问题，引发我们的思考。

第一，社会主义新农村建设就是我们党提出的“五位一体”总体布局在农村的具体实施。

或者说，经济建设、政治建设、文化建设、社会建设、生态文明建设涵盖了社会主义新农村建设的全部内容。认真地坚持“五位一体”就是建设社会主义新农村，进行社会主义新农村建设就是在执行“五位一体”的布局。在认识上，在工作的安排上，不能把“五位一体”同社会主义新农村建设脱离开，两者完全一致。

第二，经济建设是社会主义新农村建设的龙头，经济建设带动各个方面的均衡发展，最后达到社会的全面进步。在农村，发展的保障是集体经济，只有集体经济发展了，才能带动和引导家庭经济的发展。当初的家庭联产承包解决的是村民的温饱问题，而集体经济才能解决农村的发展问题。在经济建设的过程中，应该关注和呼应其他方面的建设。

第三，建设社会主义新农村重在实效，而不是花架子，不是面子活，而且也不在外在的形象上，不能搞形式主义。这需要真刀真枪地干，拿实效说话；这要解决农村发展的根本问题、关键问题，而不是表面的皮毛问题；发展的内容和进度应该允许有所差异，不能强求一律。

第四，行政村一级是社会的细胞，村一级的发展建设是整个社会发展建设的基础，社会的发展进步应该从基础的细胞做起，村一级是发展的一个整体，社会主义新农村建设不能追求片面效果，不能只在一个方面搞单兵独进，必须全面建设，全面发展。

第五，各级党政机关，尤其县一级党政机关，是建设社会主义新农村的直接领导机关，负有直接责任。抓好社会主义新农村建设必须深入群众，深入实际，深入生产建设的第一线。领导干部应该放下架子，挽起裤腿，敞开胸怀，到最底层的社会生活中，直面基层干部和人民群众。各级干部不是父母官，而是人民公仆；不是下基层做好事，而是在履行应尽的职责和义务；不应高居于群众之上，而是群众中的一员，只不过社会分工不同罢了。

基于对大梨树村30多年来的发展建设的认识，我对大梨树村未来的发展充满了信心。尽管探索的道路布满了坎坷，大梨树村的未来一定更加美好！

结　语
矛盾的特殊性是开解普遍性矛盾的钥匙

农村是中国社会的重要细胞，农业是中国经济的重要基础，农民是中国公民的重要组成。时代变化了，中国的农业、农村、农民取得了根本的转变和进步。但是，由于历史的原因，中国的“三农”基本处于从量变向质变的转化中，依然在量的积累过程中，并没有完成质的飞跃。有新的成分，但传统的属性依然存在，而且依然起着主导的作用，成为中国社会发展的滞后效应。社会主义新农村建设的提出具有很强的现实针对性和发展的方向性。可以说，中国的社会主义新农村建设就是促使“三农”从量变向质变转化的重要措施。

大梨树村是社会主义新农村建设的一个优秀的范例。大梨树村的实践从正反两个方面，提出和解决了很多社会主义新农村建设中的问题。大梨树村的成功是社会主义新农村建设中的特殊性。从矛盾的特殊性中可以解读矛盾的普遍性，进而找出解决普遍性矛盾的基本办法。

大梨树村这一典型的产生也是矛盾运动的结果。社会主义建设新时期是大梨树村发展建设的根本的历史条件，党的改革开放路线是动力，大梨树村民的努力是基础，毛丰美这一典型人物的带领是关键。前两者是客观的，是大梨树村发展建设的条件；后两者是主观的，是大梨树村发展建设的根据。主客观的统一实现了大梨树村的发展。

大梨树村是在没有资源优势、地缘优势和特殊机遇的条件下，建成了社会主义新农村建设的典范，因而更具有普遍意义。任何一个农村，只要做到像大梨树村那样，都可以在社会主义新农村建设上取得可喜的成就。这就是：像大梨树村那样认真学习党中央的方针政策和实际部署，解放思想，转变观念；像大梨树村那样把全体村民团结在一起，凝聚在一起，树立改变命运的决心和信心，并付诸实际行动中去；像大梨树村那样，认真、科学地认识自己的实际情况，从自己的实际出发，探索出有效的发展措施；像大梨树村那样有一个好的带头人，带领村民艰苦奋斗，坚持探索，坚持实践，为新农村的建设奋斗不息。

如果我们的农村都能像大梨树村那样，我相信，中国的社会主义新农村建设将取得非凡的成就。

最近，习近平总书记在主持中央政治局第二十八次集体学习时强调指出："要立足我国国情和我国发展实践，揭示新特点新规律，提炼和总结我国经济发展实践的规律性成果，把实践经验上升为系统化的经济学说，不断开拓当代中国马克思主义政治经济学新境界。"这明确地表明，我国的社会主义建设已经进入到发展的新阶段，更加理性地、自觉地、主动地向前探索和发展。这里自然也应该包括社会主义新农村建设。

在社会主义新农村建设的研究上，有一个突出的特点，那就是理论研究与实践的紧密联系。在实践中研究，在研究中实践。这一方面要求我们的理论工作者要密切联系实际，在农民群众的实践中进行理论研究，另一方面要求我们农村的领导者和负责工作人员，在实践中注重理论的研究。这样才能真正做到理论与实践密切结合，在实践中发展理论，在理论的指导下进行实践，提高我们社会主义新农村建设的水平。

在理论与实践之间有一个政策研究与制定的环节，这是农村地区领导机关和领导者的基本职责。各级领导机关和工作人员必须在科学理论的指导下，在群众实践的基础上，制定出符合实际需求的政策，通过政策的指导，把理论转化为人民群众的社会实践。

因此，对于大梨树村这样很有代表性的农村需要进行认真的研究，从中总结出具有普遍意义的经验，也包括教训，在这一个点上窥一斑而见全豹，在这个矛盾的特殊性里认识矛盾的普遍性，对于指导社会主义新农村建设将是十分必要的。

后 记

我曾长期在一个地区从事党的宣传思想工作。退休后，于2004年春天来到大梨树村定居。经过十余年的考察和体验，发现大梨树村在发展建设中积累了丰富的经验，具有普遍的借鉴和指导意义，至今没有认真系统地发掘和总结。同时，大梨树村的发展和建设也提出了一些问题，需要在认识上加以研究，在政策上予以引导，在理论上予以支持，在实践上进行探讨，以便推动社会主义新农村的建设。

我们处在改革开放、振兴中华的伟大时代，有责任和义务把中华的历史性变革记录下来，反映出来，科学总结。出于党的宣传工作者的职业惯性，我对大梨树村的发展建设进行了大量的调查研究，在实践与理论的层面对大梨树村的发展建设进行了探索，力求全面深入地总结大梨树村的发展经验，探讨一些问题。这算是我作为一个共产党员，为社会主义建设新时期所做的一次努力，履行的一份义务吧。

在农村生活，在农民中间生活，在农村的社会实践中生活，既有思想认识的变化提高，更有情感的转变。当代农村是一个大课堂，有无穷无尽的问题需要学习和研究；当代的农村生活是一个大熔炉，可以锻造具有时代精神的思想和情感。

作为一个有社会责任感的公民，不能满足于安逸的生活，应该向群众学习，向实践学习，向社会学习，把自己的体会和感受总结出来，不枉在这伟大火热的时代生活。长篇报告文学《大梨树　英雄史诗》、诗集《大梨树　人民在歌唱》、旅游读物《大梨树　故事与传说》、人物特写《大梨树　传奇毛丰美》、学习笔记《大梨树　毛丰美的精神世界》和这本调研报告《大梨树　新农村典范》就是我在大梨树村生活的成果。无论文学创作还是学术研究，都不是我的专业，但是生活在这样伟大的时代，不知不觉地进入了为这个时代服务的状态。这算是我的偏得吧。

我的这篇调研报告有几点需要申明：

这是我个人对大梨树村的认识，不代表大梨树村。

大梨树村是社会主义新农村建设的优秀典范，但并非完美无缺；我对大梨树村的评价是我个人的见解，不代表别人或机构，也不要求被大梨树村所认识和接受；我对大梨树村未来的设想是我个人的粗浅看法，对大梨树村的工作不具有指导性质。

我长期生活在大梨树村，所以只能站在辽东地区一个农村的角度和层面，来认识社会主义新农村建设。我的这些看法只能是井蛙之见，片面性是必然的，算是抛了一块砖头，向有识之士求教。

张其华

2016年2月1日

于辽宁省丹东市凤城大梨树村